Die Dichterinnen und Dichter

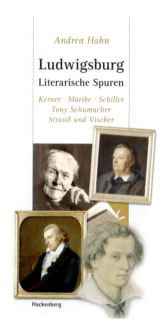

Andrea Hahn

**Ludwigsburg –
Literarische Spuren**

Kerner · Mörike · Schiller
Tony Schumacher ·
Strauß und Vischer

94 S., farbig, 31 Abb.,
gebunden (Fadenheftung)

Ludwigsburg schrieb sich als Geburts- und Wohnort bedeutender literarischer und philosophischer Geister in die Literaturgeschichte ein: Welche Spuren Christian Friedrich Daniel Schubart, Friedrich Schiller, Justinus Kerner, Eduard Mörike, Friedrich Theodor Vischer, David Friedrich Strauß, Tony Schumacher, Auguste Supper, Anna Bechler, August Lämmle, Ludwig Tügel und Curt Meyer-Clason hier hinterließen und wie sie die Stadt gesehen haben, erzählt Andrea Hahn kompetent und unterhaltsam in diesem bebilderten Lese- und Geschichtsbuch.

Monika Bergan
Ludwigsburger Frauenportraits

In der Ludwigsburger Bibliothek liegen außerdem vor:

Die Geschichte der Stadt
Andrea Hahn:
Ludwigsburg – Stationen einer Stadt
Jagdschloss · Residenz · Garnison · Medienstandort
126 S., farbig, 45 Abb., gebunden (Fadenheftung)

Die Dichterinnen und Dichter
Andrea Hahn:
Ludwigsburg – Literarische Spuren
*Kerner · Mörike · Schiller · Tony Schumacher ·
Strauß und Vischer*
94 S., farbig, 31 Abb., gebunden (Fadenheftung)

Über Tony Schumacher
Heide und Rolf Augustin:
Aus Tony Schumachers Leben
Geschichten und Begegnungen
143 S., 65 Abb., gebunden (Fadenheftung)

Irmgard Wagner:
Kaiserreich und Republik in Tony Schumachers
Jugendbüchern
Eine literarisch-kulturgeschichtliche Zeitreise
246 S., 11 Abb., gebunden (Fadenheftung)

Monika Bergan

Ludwigsburger Frauenporträts

Biographisches aus vier Jahrhunderten

Hackenberg

Bildquellenhinweis
Deutsches Literaturarchiv Marbach: S. 27, Umschlag (Ludovike Simanowiz). Privatbesitz Theresia Ehlert: S. 82. Hans Dieter Flach: S. 25. Privatbesitz Hannelore Kolb: S. 88. Stadtarchiv Ludwigsburg: S. 41, 42. Städtisches Museum Ludwigsburg: S. 32. Privatbesitz Familie Paulus: S. 35, Umschlag (Beate Paulus). Mascha Riepl-Schmidt, Stuttgart (Foto: Angelika Wetzel-Planck, Stuttgart): S. 50, Umschlag (Mathilde Planck). Stadtarchiv Stuttgart: S. 13. Heike Tienes, Remseck: Umschlag (Hannelore Kolb), Monika Bergan. Privatbesitz Otfried Ulshöfer: S. 77. Fürstl. Wied'sches Archiv: S. 60. Württembergisches Landesmuseum, Stuttgart: S. 9 (P. Frankenstein/H. Zwietasch), 22.

In einigen wenigen Fällen ist es nicht gelungen, die Rechteinhaber ausfindig zu machen. Selbstverständlich ist der Verlag bereit, nach Meldung deren berechtigte Ansprüche abzugelten.

Die Abbildungen auf dem Umschlag zeigen Ludovike Simanowiz (oben rechts) als Stellvertreterin für das 18. Jahrhundert, Beate Paulus (unten links) für das 19. Jahrhundert, Mathilde Planck (oben links) für das 20. Jahrhundert und Hannelore Kolb (unten rechts) für das 21. Jahrhundert.

Autorin und Verlag sind dankbar für Anregungen und Ergänzungen!

Bitte fordern Sie unsere Listen mit antiquarischen Büchern zur Stadt und zum Kreis Ludwigsburg, zur württembergischen Geschichte, Orts- und Landeskunde sowie unser Verlagsverzeichnis an!

© 2006: Andreas Hackenberg · Verlag, Antiquariat, Medienservice
Stephanstraße 15, 71638 Ludwigsburg · Tel. & Fax: 0 71 41/79 73 18
info@vam-hackenberg.de · www.vam-hackenberg.de

ISBN 978-3-937280-12-7

Lektorat: Monika Bönisch, Ludwigsburg
Satz und Gestaltung: Heinz Högerle, Horb-Rexingen
Gesetzt in der Agfa Rotis Serif und der Agfa Rotis Semi Sans
Repros: Atelier am Schlossberg, Stuttgart
Umschlag: Petra Buhl, Remseck
Gesamtherstellung: Druckerei Karl Grammlich, Pliezhausen
Printed in Germany

Inhalt

Vorwort 6

Christina Wilhelmina von Grävenitz 7
Marianne Pirker 18
Seraphia de Beckè 19
Ludovike Simanowiz 27
Beate Paulus 34
Sarah Liebmann 42
Friederike Franck 44

Unternehmerinnen im 19. Jahrhundert
Friederike Kammerer 45
Christine Katharine Lotter 46
Friederike Louise Lotter 47
Caroline Neubert 47
Rebekka Elsas 48

Tony Schumacher 49
Mathilde Planck 50
Fürstin Pauline zu Wied 60
Elisabeth Kranz 70
Irmgard Sauer 72
Elfriede Breitenbach 73
Theresia Ehlert 81
Hannelore Kolb 88

Verwendete Literatur 95
Namenregister 97

Vorwort

»Ludwigsburg! Ob wohl jedem in späteren Zeiten das Herz auch so überwallt wenn er zurückdenkt an den Ort seiner Geburt, den Ort wo er jung gewesen, und wo er die ersten Empfindungen von Eltern- und Freundesliebe, von Schönheit in der Natur und vom freien Drang der Gefühle hatte«, schrieb Tony Schumacher in ihren Erinnerungen.

Tony Schumachers emphatischer Blick auf Ludwigsburg kann als Indiz dafür gelten, dass Orte nicht nur von Herrschern und Baumeistern, sondern von den darin lebenden Menschen geprägt sind. Frauen und Männer, bekannte, weniger bekannte und unbekannte, hatten und haben ihren Anteil an der Entwicklung und den gesellschaftlichen Veränderungen dieser Stadt.

Ich war auf der Suche nach Frauen, die in ihrer Zeit deutliche Spuren in Ludwigsburg hinterlassen haben. Das bedeutete, einzutauchen in die jeweilige gesellschaftliche Entwicklung. Ich musste die Rollen verstehen lernen, die den Frauen zugestanden wurden, die sie sich selbst erobert hatten, oder in die sie durch äußere Umstände gedrängt wurden.

Bei vorgegebenem Umfang des Buches war nur eine subjektive Auswahl möglich, da Politikerinnen, Künstlerinnen, Unternehmerinnen und Frauen mit sozialem Engagement aus vier Jahrhunderten gleichberechtigt zu Wort kommen sollten und – schließlich war Ludwigsburg Residenzstadt – zwei Frauen, die dem Hof, beziehungsweise dem Hause Württemberg angehörten. Die Frauen, die das 21. Jahrhundert verkörpern, sollten ihr Lebenswerk abgeschlossen haben.

Dieses Buch wäre nicht ohne Mithilfe anderer entstanden. Mein besonderer Dank gilt meinem Mann für inspirierende Gespräche und Hinweise. Werner Paulus, Hans Dieter Flach, Christel und Otfried Ulshöfer, Günter Vogt, Ulrich Breitenbach, Prinz Ulrich zu Wied und dem städtischen Archiv danke ich für die freundliche Unterstützung und Monika Bönisch für ihre Geduld beim Lektorat.

Ludwigsburg, im September 2006
Monika Bergan

Christina Wilhelmina von Grävenitz
Stoff für eine Seifenoper: Eine herzogliche Liebe, politische Macht, gemeine Intrigen und ein tiefer Sturz

Die in Paris erscheinende Zeitschrift »Nouvelles Extraordinaires de divers Endroits« verbreitete eine sensationelle Nachricht, nach der in der Nacht vom 15. auf den 16. Oktober 1731 zweihundert Soldaten unter Leitung des Oberst Streithorst die langjährige Favoritin des Herzogs Eberhard Ludwig von Württemberg, die Gräfin von Würben, auf ihrem Landsitz in Freudental festgenommen und auf das Schloss Urach gebracht hätten. Die Gräfin soll sich mit Hilfe von zwei Ärzten Blut vom Aderlass des Herzogs verschafft haben, um ihn zu verhexen. Der Versuch sei Gott sei Dank nicht gelungen. Die Herzogin Johanna Elisabeth von Württemberg habe Alarm geschlagen und ihren Gemahl informiert.

Die internationale Leserschaft wusste, von wem die Rede war, denn die Gräfin von Würben, besser unter ihrem Geburtsnamen Grävenitz bekannt, hatte schon für genügend Schlagzeilen gesorgt. Eine neugierige und staunende Öffentlichkeit nahm gierig an den »pikanten Geschehnissen« Anteil, die sich am württembergischen Hof zwischen 1707 und 1732 zugetragen hatten.

Mit ihrer Festnahme endete die über zwanzigjährige Karriere der »Exzellenz Frau Landhofmeisterin« gewaltsam: einer Frau, die im ersten Drittel des 18. Jahrhunderts am württembergischen Hof politisch und gesellschaftlich eine herausragende Rolle gespielt hatte.

> »Es gab so viele verschiedene Ränke, und die Damen waren so sehr daran beteiligt, daß die Liebe dauernd mit der Politik und die Politik dauernd mit der Liebe verwoben war.«

So charakterisierte schon Marie-Madeleine de Lafayette, eine französische Romanautorin, die Politik an absolutistischen Höfen. Mätressen bzw. Favoritinnen waren im 17. und 18. Jahrhundert anerkannte, oft einflussreiche Geliebte eines Fürsten. Die höchste Karrierestufe, die eine Frau bei Hof erklimmen konnte, war die der erklärten »Maitresse en titre«, sie nahm am Hofzeremoniell protokollarisch die zweite Stelle nach der regierenden Fürstin ein.

Über die Mätresse des Herzogs Eberhard Ludwig von Württemberg, Wilhelmine von Grävenitz, schrieb der Stuttgarter Historiker Karl Pfaff Anfang des 19. Jahrhunderts:

> *»Alle Regierungsangelegenheiten gingen durch ihre Hände, der geheime Rath wurde durch das geheime Kabinett, das sie aus ihren Kreaturen bildete, worinn sie den Vorsitz führte, außer Thätigkeit gebracht [...] in alle Zweige der Staatsverwaltung griff ihre Willkür verderblich ein. Ihren unersättlichen Geld-Geiz vermochte der Herzog durch keine Geldgeschenke zu befriedigen [...] ihr Streben war der Titel einer Herzogin. Ihr zuliebe erbaute der Herzog Ludwigsburg. Alles mußte der Herzog aufopfern, die Liebe seiner edlen Gemahlin und seiner Unterthanen [...] alles genügte ihr nicht.«*

Pfaff hat mit seinem negativen Urteil über Wilhelmine die Meinung vieler Historiker bis in die Gegenwart geprägt. In Württemberg galt sie als »das Mensch« und »die Landverderberin«.

Wer und wie war Wilhelmine von Grävenitz? Die Antwort ist nur schwer zu finden, da die Mehrzahl der Meinungen und Urteile über sie aus den Federn ihrer erklärten Feindinnen und Feinde stammen. Von ihr selbst ist außer wenigen Briefen nach ihrem Sturz 1731 nichts mehr erhalten. Es sind Briefe an ihren Bruder, den württembergischen Premierminister, und an den Herzog.

Wer waren die Mitwirkenden bei dieser »Chronique scandaleuse« des 18. Jahrhunderts in Württemberg? Die Hauptrollen spielten Eberhard Ludwig und Wilhelmine. Eine nicht unbedeutende Nebenrolle hatte des Herzogs rechtmäßige Ehefrau, Johanna Elisabeth geborene von Baden-Durlach. Die restlichen Rollen waren auf Hofmarschall von Staffhorst, Friedrich Wilhelm von Grävenitz, Wilhelmines Bruder, Johann Heinrich Schütz, alle drei Mitglieder des Geheimen Rats, die Geistlichkeit von Württemberg, die Landstände und den Nachfolger Eberhard Ludwigs, Herzog Carl Alexander, verteilt.

Zu Beginn dieser Chronik muss die Frage gestellt werden, wie es eine verarmte, knapp zwanzigjährige junge

Christina Wilhelmina von Grävenitz

*Christina Wilhelmina von Grävenitz
vermutlich das einzig erhaltene Portrait der Reichsgräfin*

Frau aus mecklenburgischem Adel geschafft hat, einen Fürsten von europäischem Rang so lange an sich zu binden und in eine solche Machtposition zu gelangen.

Die Antwort liegt im Charakter des Herzogs und seiner Favoritin. Herzog Eberhard Ludwig, knapp achtzehnjährig auf den Thron Württembergs gekommen, war leicht beeinflussbar. Ein gängiges Urteil des französischen Gesandten über ihn lautete: »*Des jungen Herzogs Geist ist sehr wenig ausgebildet worden, er war voller Lust und Sinnlichkeit, aus Lüsternheit und Langeweile verlangte er immerwährende Abwechslung und Zerstreuung.«*

So bestimmten seine jeweilige Umgebung, der Hof und der Geheime Rat die Politik des Landes. Seine Ehefrau Johanna Elisabeth hatte keinen Einfluss auf den unruhigen jungen Gemahl.

Dagegen Wilhelmine: Sie beherrschte spielerisch die ganze Klaviatur einer erfolgreichen Mätresse, dazu gehörte Ausstrahlungskraft, äußerste Klugheit, Selbstdarstellungs-, Verstellungs- und Verführungskunst. Sie verstand es sehr geschickt, Beziehungen zu knüpfen und Menschen an sich zu binden. Wie sehr sie diese Eigenschaften beherrschte, geht aus folgender Charakterisierung von ihr hervor:

> »*Ihre Conduite* [ihr Verhalten] *und Manieren konnten und mußten nun wohl die Welt verführen und betrügen. Nichts war angenehmeres alß ihr Conversation und Gespräch, alß welches auf das obligeanteste* [auf das Verbindlichste]*, doch mit einer Air de Qualité* [mit einer standesbewussten Erscheinung] *vergesellschaftet war. Sie hat wirklich offt hierdurch ihre geschworenen Feinde von ihrem schädlichen Vorsatz abgebracht und dieselbe sich zu Freunden gemacht. Sie führete eine reguliere Lebensart, und diejenige Plaisirs, denen das weibliche Geschlecht sonsten sehr ergeben [...] sahe sie als indifferente Dinge an und ließe solche nur bloß* [dem Herzog] *zu gefallen geschehen.«*

Die Hauptdarstellerin und Titelheldin Christina Wilhelmina von Grävenitz, am 4. Februar 1686 in Schwerin geboren, war gebildet, lebenslustig, mit einer wunderschönen Stimme ausgestattet und wollte unbedingt Fortune machen. Aber wie?

Nichts eignete sich besser als eine Intrige, um dieses Ziel zu erreichen, und die hatte der Geheime Rat und Hofmarschall Staffhorst in Württemberg schon vorbereitet! Er war der starke Mann in der Regierung Eberhard Ludwigs und hielt eine Mätresse seiner Wahl für das geeignete Mittel, den Herzog vom aktiven Regieren abzuhalten und somit weiter selbst die Fäden in der Hand zu halten. Bewusst wählte Staffhorst als Mittler für diesen Coup den Bruder Wilhelmines, Friedrich Wilhelm von Grävenitz, aus, glaubte er doch, er könne die beiden Fremden, die keinerlei Rückhalt im württembergischen Adel hatten, am leichtesten von sich abhängig machen. Der Brief ihres Bruders Friedrich Wilhelm, mit der Aufforderung, zu ihm nach Württemberg zu kommen, war also für die ehrgeizige junge Frau die erhoffte Erlösung aus dem langweiligen Leben an der Seite ihrer verarmten, verwitweten Mutter in Güstrow.

Wilhelmine betrat 1706 die Stuttgarter Bühne und erregte anfangs kaum Aufsehen. Erst durch ihr Mitwirken in einer von der Hofgesellschaft aufgeführten Komödie wurde der Herzog auf sie aufmerksam. Ihre schöne Stimme und der Reiz des Unverdorbenen schlugen ihn in Bann. Wilhelmine war keine ausgesprochene Schönheit, sie beeindruckte aber durch ihre Ausstrahlung und ihre intellektuellen Fähigkeiten. Eberhard Ludwig war von ihr so bezaubert, dass er sie in seine Nähe holte und in den Rang einer Gräfin von Urach erhob.

Die Leserschaft der »Nouvelles Extraordinaires« erfuhr von Wilhelmine erstmals durch einen Artikel, in dem Eberhard Ludwig am 13. November 1707 öffentlich eingestanden hatte, die Gräfin von Urach, damalige von Grävenitz, geheiratet zu haben und damit in Bigamie zu leben. Verwandte seiner rechtmäßigen Ehefrau hätten daraufhin am Kaiserhof in Wien interveniert, außerdem sei durch einflussreiche Kreise in Württemberg so großer Druck auf den Herzog ausgeübt worden, dass dieser schließlich einlenken und sieben Monate später die Annullierung dieser Ehe durch ein Ehegericht akzeptieren musste. Wilhelmine von Grävenitz sei vom Kaiser verbannt worden und habe Württemberg in Richtung Schweiz verlassen. Für ihre Abdankung als Herzensdame des Landesherrn habe sie 50 000 Gulden Abfindung gefordert.

Damit war die Affäre allerdings noch nicht beendet. Es zeigte sich bald, Eberhard Ludwig konnte ohne Wilhelmine nicht mehr leben. *»Die Trennung tue ihm so wehe, als ob man ihm die Seele vom Leibe risse.«* Er reiste also seiner Liebe in die Schweiz nach und überließ sein Land einige Zeit seinem Schicksal.

Wilhelmine von Grävenitz, Gräfin von Urach, unterschrieb am 15. November 1710 ein Dokument, in dem sie sich mit der Lösung ihrer Ehe einverstanden erklärte und erhielt dafür einen Schutzbrief des Kaisers in Wien, der sich für ihre Sicherheit verbürgte.

Nach seiner Rückkehr litt der Herzog an der geistigen Enge und Freudlosigkeit, die Johanna Elisabeth und ihn im alten dunklen Schloss von Stuttgart umgaben. Die Gattin war kränkelnd und fromm bis zur Bigotterie, auch waren Verbitterung und Selbstmitleid kein Mittel, den Ehemann zurückzugewinnen. Eberhard Ludwig sehnte sich nach Wilhelmine, mit ihr wollte er die glänzende Hofhaltung verwirklichen, die er sich vorstellte und seinen Hof zu einem geselligen, kulturellen Mittelpunkt machen. Wilhelmine sollte ihm nicht nur im privaten, sondern auch im politischen und öffentlichen Leben eine wichtige Partnerin sein.

Eine solche Liebe findet viele Wege und verschlungene Pfade zum Glück und zum Erfolg: Johann Heinrich Schütz, ein ebenso ehrgeiziges wie intrigantes Mitglied des Geheimen Rats, arrangierte auf Geheiß des Herzogs in Wien eine Scheinehe zwischen Wilhelmine und Johann Franz Ferdinand Graf von Würben, einem mittellosen Spieler und ältlichen Witwer. Diesem wurden seine Verzichte auf die ehelichen Rechte und auf die Ausübung seiner Ämter als Landhofmeister und Geheimer Rat *»unter gewissen Bedingnussen«* fürstlich honoriert.

So tauchte Wilhelmine Anfang 1711 als Landhofmeisterin von Würben, also als Gattin eines der ranghöchsten Beamten, wieder am Hofe in Württemberg auf. Die einunddreißigjährige Johanna Elisabeth gab den Kampf gegen die Mätresse auf, mied öffentliche Auftritte und fügte sich in ihr trauriges Schicksal.

Zusammen mit dem Herzog bewohnte Wilhelmine im Ludwigsburger Schloss die herzoglichen Appartements im Fürstenbau. Anfangs bezog sie die der Herzogin Johanna Elisabeth zugedachten Räumlichkeiten in der Bel Etage, nach der Hochzeit des Erbprinzenpaares wurden ihr im Erdgeschoss adäquate Räumlichkeiten eingerichtet, in denen sie bis zu ihrem Sturz 1731 residierte. Johanna Elisabeth blieb verbittert und gedemütigt in Stuttgart zurück. Wilhelmine dagegen brillierte bei Hoffesten und Empfängen in ihrer Rolle als charmante Gastgeberin an der Seite des glücklichen Herzogs.

Ihr Aufstieg war beeindruckend und konsequent: An-

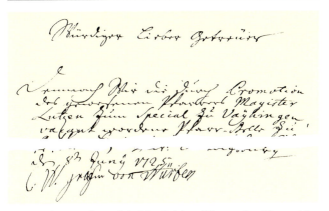

Ausschnitt aus einem Brief der Reichsgräfin an den Pfarrer M. Köllen zu Welzheim vom 8. Juni 1725, eine Stellenbesetzung betreffend

fangs übte sie ihren Einfluss auf die Regierungsgeschäfte unauffällig aus. Doch bald wurde sie dem Herzog unentbehrlich. Mit den nötigen Entscheidungsbefugnissen ausgestattet, führte sie sogar württembergisch-französische Geheimverhandlungen über eventuelle territoriale Erweiterungen Württembergs und verlangte für ihre Vermittlertätigkeit von Frankreich 500000 Gulden. Als Wilhelmine 1717 ordentliches Mitglied im Geheimen Rat wurde – der Geheime Rat hatte die höchste Aufsicht über alle Justiz-, Finanz- und Gnadensachen, erreichte sie den Höhepunkt ihrer politischen Karriere.

Wilhelmine vertraute auf ein klug und sorgfältig geknüpftes Netzwerk, das über lange Jahre stabil blieb: Sie setzte ihre Schützlinge und Günstlinge, zum Teil aus der eigenen Familie, auf Schlüsselstellungen der Macht im Lande ein und schaltete die bisher bewährten württembergischen Staatsdiener aus. Zahllose Güter und Lehen, mit denen der Herzog Wilhelmine und ihre Anhängerschaft ausstattete, festigten deren politische Macht. Eberhard Ludwig schenkte seiner Mätresse die Lehen Welzheim, Gochsheim und Brenz auf Lebenszeit. Er überließ ihr die ritterlichen Güter Unterboihingen und Freudental, dazu Schloss Stetten im Remstal. 1725 übertrug er ihr das neu erbaute Balinger Amtshaus in Ludwigsburg und nicht genug damit,

1728 ein vornehmes repräsentatives Stadtpalais, das noch heute ihren Namen trägt, das Grävenitz-Palais, in unmittelbarer Nähe seines Schlosses.

Wilhelmines Titel wurde immer länger: Sie nannte sich nun »Christina Wilhelmina Reichsgräfin von Würben und Freudental, regierende Gräfin zu Welzheim und Gochsheim, Frau auf Freudental und Neckarboihingen, geborene Gräfin von Grävenitz«.

Der Bau des Ludwigsburger Schlosses, die Gründung und der Ausbau der Stadt, der Umzug der Regierung von Stuttgart nach Ludwigsburg sowie die aufwändige Hofhaltung im neuen Schloss kosteten sehr viel Geld. In der Beschaffung der nötigen finanziellen Mittel, also beim Suchen neuer Einnahmequellen, erwies sich Wilhelmine als ausgesprochen geschickt. Hohe Steuern und Abgaben drückten das Land. Diese Tatsache und die einseitige Begünstigung ihres Netzwerks waren die Hauptgründe, warum sie sich bei der Bevölkerung so verhasst machte. Die Liste der Vorwürfe gegen sie war lang, es gab Verunglimpfungen und dubiose Gerüchte, hauptsächlich im Bereich der Sexualität, des Irrationalen und des Aberglaubens.

Der bisher heitere Himmel über unserer Heldin trübte sich ein, der Handlungsverlauf wurde ernster, man könnte auch sagen dramatisch: Anfang April 1731 musste sich Eberhard Ludwig ernsthafte Sorgen um seinen einzigen Sohn, den ständig kränkelnden Erbprinzen Friedrich Ludwig machen. Der Verlauf seiner anhaltenden Krankheit gab keine Hoffnung mehr auf Heilung. Mit dem Tod des kinderlosen Erbprinzen würde die evangelische Hauptlinie des württembergischen Herrscherhauses erlöschen. Eberhard Ludwig trug sich deshalb mit dem Gedanken, eine neue Ehe einzugehen, um nochmals Nachkommen zu zeugen. Er wollte sich daher sowohl von Wilhelmine als auch von Johanna Elisabeth trennen und eine jüngere, standesgemäße Heiratskandidatin suchen. Dass Wilhelmine sich nicht so leicht aus der Rolle der Favoritin drängen lassen würde, war allen klar. War dies der Grund, dass er keine neue Partnerin fand? Dies ist Spekulation, am Ende versöhnte er sich im Juni 1731 – in der vagen Hoffnung auf einen Thronerben – mit Johanna Elisabeth. Wie schwierig eine solche Aussöhnung, hauptsächlich im Ehebett war, geht aus einem Brief hervor, den Eberhard Ludwig dem Bischof von Würzburg schreibt:

> *»seit der Zeit, daß seine herzlich geliebteste Ehefrau wieder bei ihm sei, er absonderlich in dem Ehebett eine solche Bangigkeit verspürete, die ihm schier unerträglich und eine Ursache merklichen Abnehmens an seinem Leib und Gesundheit sei, und keinen anderen als zauberischen Ursprungs haben könne.«*

Die Bangigkeit war sicher anderen Ursprungs, aber ein gesunder Thronerbe musste her! Trotz aller Kirchengebete wurde die einundfünfzigjährige Johanna Elisabeth nicht schwanger, eine eingebildete Schwangerschaft verursachte großen Wirbel und nahm groteske Züge an.

Wilhelmine dagegen wollte ihren Abschied vom Hof nicht akzeptieren. Sie versuchte weiterhin, den Herzog mit allen Mitteln an sich zu binden. Je mehr sie sich anstrengte, umso tiefer stürzte sie ab. Nach einer letzten gemeinsamen Bäderkur im April 1731 in Wildbad ließ der Herzog ihr die Verbannung auf ihre Güter mitteilen und setzte ihr eine Pension von 10 000 Gulden aus. Ihre Güter durfte sie – zunächst – behalten. Wilhelmine kämpfte weiterhin um die Gunst des Herzogs, doch sie erreichte das Gegenteil. Zu allem Übel hatte die Bevölkerung endlich den Sündenbock für alle Missstände gefunden: die Gräfin von Würben.

Am 3. Juli 1731 kapitulierte sie und schrieb von Stetten aus dem Herzog:

> *»sie sei nicht mehr gesinnt, zu contravenieren, sie wolle sich der Versöhnung zwischen ihm und seiner rechtmäßigen Gemahlin fügen und empfehle sich seiner Protektion. Sie wünschet sich wieder Gesundheit zu erlangen* [offensichtlich war sie nach ihrem ›Abschied‹ zusammengebrochen] *sie wolle ihr Leben mit aller Tranquillität in der Furcht Gottes zubringen.«*

Wilhelmine hatte nun keine Möglichkeit mehr, sich wirkungsvoll zu verteidigen, und die Jagd auf sie begann: Alle getrauten sich ungeniert, Beschuldigungen und Anklagen auszusprechen, zu den Vorwürfen der Hexerei und Zauberei kamen die der Vetternwirtschaft und des Ämterkaufs dazu.

Von Stetten zog Wilhelmine auf ihren Besitz Freudental. Kurz vor dem Ende ihrer Herrschaft in Freudental, am 1. Oktober 1731, schloss sie mit den Freudentaler Juden einen Vertrag ab. Ihr Judenedikt war liberal und von allen diskriminierenden Bestimmungen frei. Dieser Schutzbrief beeinflusste auch andere Judenordnungen. 1735 bestätigte der Nachfolger Eberhard Ludwigs, Herzog Carl Alexander, diese Privilegien und 1747 erneuerte Herzog Carl Eugen das gesamte Grävenitz'sche Judenedikt.

Der Druck auf den Herzog bezüglich Wilhelmine wuchs immer mehr und kam von allen Seiten. Er ging hart vor: Mitte Oktober 1731 ließ er die immer noch nicht Gefügige in Freudental verhaften und auf die Festung Hohenurach bringen.

Friedrich Wilhelm von Grävenitz rührte keinen Finger für seine in Ungnade gefallene Schwester. Der Premierminister spielte bei der ganzen Angelegenheit eine unrühmliche Rolle. Wilhelmine musste erkennen, *»dass er falsch an ihr handle und ihm nur darum sei, sich in den Besitz ihres Vermögens zu setzen.«* Erstaunlicherweise blieben der Premier von Grävenitz und die übrigen Günstlinge unbeschadet in Amt und Würden.

Eberhard Ludwig versuchte nun, nach Ende der fast fünfundzwanzigjährigen Beziehung, Wilhelmine zur Herausgabe ihrer Güter zu zwingen. Dabei waren seiner Handlungsfreiheit enge Grenzen gesetzt, da er von ihr als Reichsgräfin nicht die Herausgabe ihrer Güter einfordern konnte. Wilhelmine wehrte sich hartnäckig und pochte auf die Rechtmäßigkeit ihres Besitzes. Nicht nur der Herzog, auch der Erbprinz, die Landschaft und der Kaiser hatten damals mit Unterschrift und Siegel Wilhelmine von Grävenitz in diese Rechte eingesetzt. Wer beging jetzt eigentlich Rechtsbruch?

Sie wurde krank und schrieb im Mai 1732 an den Herzog:

> *»Ich werfe mich in Unterthänigkeit Eurer Hochfürstlichen Durchlaucht zu Füßen und bitte um der Christi Wunden um Gnade. Er möge mich aus diesen großen Unterdrückungen und Grauen befreien.«*

Der Herzog ließ sich nicht erweichen, auch als sie im September 1732 an »*dayn so noch übrige Gabe zu lieben*« appellierte, hüllte sich Eberhard Ludwig in Schweigen.

So stimmte sie im Dezember 1732 unter Druck einem Vergleich zu, der 1733 vom Kaiser bestätigt wurde. Gegen eine Entschädigung von 150 000 Gulden musste sie auf alle Besitzungen und auf den weiteren Gebrauch von Rechtsmitteln verzichten und in ihre Verbannung aus Württemberg einwilligen.

Im Frühjahr 1733 kam Wilhelmine frei und konnte unbehelligt das Herzogtum verlassen. Sie begab sich unter den Schutz des preußischen Königs und ließ sich für den Rest ihres Lebens in Berlin nieder.

Eberhard Ludwig starb am 31. Oktober 1733. Sein Nachfolger, Herzog Carl Alexander von Württemberg, versuchte 1734, Wilhelmine juristisch zu belangen. Der Katalog der ihr unterstellten Verbrechen konnte kaum größer sein: Angefangen beim Vorwurf der Abtreibung über Bigamie, Ehebruch, Giftanschlag, Majestätsverbrechen, Fälschung, Gelderpressung, gemeinem Betrug, Veruntreuung öffentlicher Gelder, Amtserschleichung, Bestechung, Mordanschlag bis zu Eidbruch war alles enthalten. Auf die Mehrzahl dieser Verbrechen stand die Todesstrafe. Es kam aber zu keinem Schuldspruch, denn 1736 ordnete Herzog Carl Alexander selbst die Einstellung des Prozesses an, nachdem er mit der Gräfin von Würben eine außergerichtliche Übereinkunft geschlossen hatte: In diesem Vergleich wurde die Abfindungssumme auf 350 000 Gulden erhöht. Am 21. Oktober 1744 starb Wilhelmine achtundfünfzigjährig in Berlin.

Marianne Pirker

Sängerin zwischen Paradies und Hölle

Geboren wurde Marianne Pirker am 27. Januar 1717. Sie galt als Göttin des Gesangs und halb Europa, das heißt die barocken Höfe, lag ihr bewundernd zu Füßen. Im Mai 1749, als sie in Ludwigsburg eintraf, war sie auf dem Zenit ihrer Karriere. Zuvor war Marianne in London am dortigen Hofe – zusammen mit ihrem Mann als erstem Geiger und Kapellmeister – gefeiert worden. 1748/49 holte Christoph Willibald Gluck sie an die Königliche Oper nach Kopenhagen. Dort lernte Herzog Carl Eugen von Württemberg sie kennen und lud Marianne zu einem Probesingen nach Ludwigsburg ein. Sie wurde erste Solosängerin am württembergischen Hof und schrieb ihrem Mann:

> »Die Herrschaft ist ganz närrisch über mein Singen. Gestern habe ich eine improvisata gemacht. Der Herzog hat sich [...] sehr bedankt und besonders für die finesse. Er sagte, in der Kirche gestern habe er doch nicht gut in die Hände klatschen können bei meinem Gesang, aber mit dem Kopf habe er immer applaudiert.«

Auch Franz Joseph Pirker kam an den Hof. Es folgten sechs glückliche Jahre: rastlos künstlerisch tätig, bejubelt und gefeiert. Zuhause führten Pirkers mit ihren drei Töchtern ein vorbildliches Familienleben. Mitten im Schaffen und Planen traf sie der entsetzliche Schlag: Dem Herzog wurde eingeflüstert, Marianne habe der Herzogin Friederike, ihrer Freundin, zahlreiche Liebschaften des Herzogs zugetragen. In einer Septembernacht 1756 ließ Carl Eugen das Ehepaar Pirker verhaften und auf den Hohenasperg bringen, wo sie acht Jahre in Einzelzellen eingekerkert wurden – ohne Verhör, ohne Untersuchung, ohne eine Möglichkeit, sich zu verteidigen. Keiner ihrer zahllosen Fans half ihnen. Während der Isolationshaft durften Pirkers kein einziges Mal ihre Kinder sehen. Marianne verlor darüber den Verstand und ihre Stimme. Erst 1764 wurden die Gefangenen auf Vermittlung von Kaiserin Maria Theresia freigelassen. Treue Freunde nahmen sie auf. Gebrochen und gesundheitlich angeschlagen starb Marianne am 10. November 1782.

Seraphia de Beckè

Eine ungewöhnliche Frauenkarriere: Zweiunddreißig Jahre in der Chefetage der Fayence-Manufaktur

Unter Carl Eugen, Herzog von Württemberg, hatten viele Frauen künstlerische Karrieren gemacht. Ob Sängerinnen oder Tänzerinnen, sie kamen durch die Gunst des Herzogs schnell nach oben. Bei »Serenissimus« standen ganze Schlossfluchten für seine Favoritinnen bereit.

Körperliche Reize und erotische Ausstrahlung entzündeten zwar des Herzogs Jagdinstinkt, um die Leitung eines herzoglichen Betriebs zu übernehmen, brauchte es allerdings zusätzliche Talente: Neben künstlerischem Feingefühl mit entsprechenden Ambitionen waren Geschäftstüchtigkeit, Organisationstalent und Mitarbeiterführung ebenso gefragt wie Verhandlungsgeschick, Hartnäckigkeit und Finanzgenie, alles in allem Fähigkeiten, die eher selten in Frauenbiographien des 18. Jahrhunderts zu finden sind.

Um an die Ludwigsburger Fayence-Manufaktur berufen zu werden, musste man über einen exzellenten künstlerischen Ruf verfügen, gar aus einer Künstlerfamilie stammen. Das waren die üblichen Voraussetzungen. Sich mehr als drei Jahrzehnte in einer Leitungsposition halten zu können, war eine Leistung, die ihresgleichen sucht.

Die Rede ist von einer außergewöhnlichen Frau: Maria Seraphia Susanna Magdalena de Beckè, verwitwete von Löwenfinck, geborene Schick. Hineingeboren in ein wohl situiertes Elternhaus in Fulda, wurde Seraphia am 4. April 1728 getauft und wuchs mit zwei Brüdern in einem Künstlerhaushalt auf, dessen Anregungen das begabte Kind begierig aufnahm. Der Vater, Johann Philipp Schick, hatte das Vertrauen des dortigen Fürstbischofs erworben und sich vom Kunstlackierer und Vergolder zu dessen Kammerherrn hochgearbeitet. Durch Unterstützung des Fürsten wurde Schick in den Rat der Stadt aufgenommen und brachte es sogar zum Bürgermeister. Schick setzte sich sehr für die Gründung einer Fayence-Manufaktur ein und war lange Jahre bis zu seinem Tod auch noch Leiter der ebenfalls in Fulda gegründeten Porzellan-Manufaktur.

Man kann sich vorstellen, dass Seraphia schon früh mit

Seraphia de Beckè

den väterlichen Arbeitsmaterialien vertraut wurde. So schenkte sie 1745, siebzehnjährig, ihrem Bruder Aloysius zum Eintritt in den Jesuitenorden ein bezauberndes, farbiges Widmungstäfelchen mit dem Heiligen Aloysius auf Porzellan gemalt und mit »M.S:S:M. Schickin. pinx. 1745« signiert.

Am 28. Oktober 1747 heiratete Seraphia den deutschlandweit bekannten, aus Meißen kommenden Maler Adam Friedrich von Löwenfinck, der als Angestellter der Fuldaer Fayence-Manufaktur im Hause Schick wohnte. Das Paar arbeitete auch nach der Hochzeit weiterhin im väterlichen Betrieb.

Eine italienische Flusslandschaft, die Seraphia mit ihrem neuen Namen, de Löwenfincken, signierte, muss wohl nach ihrer Heirat entstanden sein. Fachleute waren sich damals einig, *»wenn sie Arbeiten sehr bekannter Fayencemaler mit der Löwenfincksche verglichen, diese beträchtlich abfallen.«*

Von Seraphia sind aus dieser Zeit keine weiteren Arbeiten bekannt; wobei sich heutige Fachleute streiten, ob nicht einiges, bisher ihrem Mann zugeschrieben, von ihr angefertigt wurde.

1748 kam ihre erste Tochter zur Welt. Von Löwenfinck wechselte in die neuen Manufakturen Weisenau und Höchst und danach in den sehr renommierten Hannong´schen Betrieb in Straßburg. 1750 wurde er Leiter des Zweigbetriebs in Hagenau. Man kann davon ausgehen, dass er seine Familie mitnahm und seine Frau ebenfalls künstlerisch tätig war.

Bis zum frühen Tod ihres Mannes 1754 brachte Seraphia noch einen Sohn und zwei weitere Töchter zur Welt. Woran von Löwenfinck starb ist nicht bekannt. Seraphia übernahm – alleinerziehend mit vier Kindern – die Nachfolge ihres Mannes in Hagenau. Sie führte den Betrieb so exzellent, dass ihr der Senat der Stadt und die Familie Hannong 1761 zusätzlich die Leitung der Hauptmanufaktur in Straßburg übertrugen. Eine steile Karriere! Seraphia bewährte sich glänzend. In einer Zeit der Intrigen und Händel musste sie als Frau nicht nur die Leitung über eine äußerst schwierige Künstlerschar in der Manufaktur übernehmen, sondern parallel die Produktion des Fayencebetriebs überwachen und zum Erfolg führen. Auch hier war sie künstlerisch tätig, doch da sie ihre Werke in der Regel nicht signierte, kann aus dieser Zeit kein Fayencestück ihrer Hand zugeordnet werden.

Ein beruflicher Absturz als Folge eines galanten Liebesabenteuers mit Johann Daniel de Beckè – einem 14 Jahre jüngeren Soldaten, der in württembergischen Diensten stand – beendete 1762 jäh ihre Karriere in Hagenau: Wurde sie doch in Straßburg von dem Freund ihres Bruders schwanger. Um einen Skandal zu vermeiden, bot man Seraphia seitens der Manufaktur 800 Gulden an mit der Auflage, Hagenau sofort zu verlassen.

Nachfolgende Quittung vom 6. Juli 1762 blieb erhalten:
»Ich zu End unterschriebene bekam von Herrn Acker, Vogt der Hannongschen Kinder, als Abschlag der mir zukommenden achthundert Gulden die Summe von 600 Gulden. Empfangen zu haben dafür bescheine Straßburg 6. Juli 1762 M. [Maria] S. [Seraphia] de Löwenfincken«

Die Zeit drängte, doch alles war gut organisiert: Am 6. Juli 1762 unterschrieb Seraphia ihre Abfindung noch mit Löwenfinck, am 28. September 1762 wurde sie Condirektorin in Ludwigsburg und am 15. Oktober 1762 gebar sie de Beckès Sohn. Zwischen Abfindung und Geburt muss dann wohl die Hochzeit der katholischen Künstlerin mit dem so viel jüngeren evangelischen Leutnant gewesen sein. In offiziellen Büchern ist von diesem Ereignis allerdings nichts aktenkundig.

Zwei Jahre vorher, um 1760, hatte sich in Ludwigsburg eine private Fayence-Manufaktur etabliert. Herzog Carl Eugen übernahm den Betrieb und legte ihn 1762 mit seiner vier Jahre zuvor gegründeten Porzellan-Manufaktur zusammen. Im Jägerhofpalais in der Schorndorfer Straße war Platz für beide Manufakturen. Das größere Ansehen hatte damals der Porzellanbetrieb, dessen Produkte überwiegend von der höfischen Gesellschaft benutzt wurden. Fayencen dagegen wurden in zahlreichen Unternehmen hergestellt und waren nichts Außergewöhnliches mehr. Allerdings war der Bedarf an Gebrauchsgeschirr aus Tonkeramik groß und der Absatz entsprechend.

Joseph Jakob Ringler, ein bekannter und sehr erfolgrei-

Die Ludwigsburger Porzellan-Manufaktur, Verwaltungsgebäude, ehemaliges Jägerhofpalais in der Schorndorfer Straße 42 Porzellanmalerei auf einem Teller um 1780

cher »Arcanist« – er brachte das Geheimnis der Porzellanherstellung aus Meißen mit – war Direktor beider Betriebe. Ringler hatte wenig für Fayence übrig. In einem zeitgenössischen Bericht steht zu lesen: *»Ringler tractierte es* [die Fayence] *aber als ein Nebenwerk en bagatelle und machte schlechte Glasuren.«*

Dies und die Überlastung Ringlers – die Zahl der Mitarbeiter hatte sich auf Grund des enormen Wachstums der Porzellan-Manufaktur bis 1762 verfünffacht – waren Gründe genug, für die Fayenceabteilung mit 24 Mitarbeitern eine eigene Condirectrice einzustellen.

Erstaunlicherweise blieb Seraphia trotz ihrer großen Erfahrung Ringler 14 Jahre lang unterstellt. Erst durch ein herzogliches Dekret vom 27. Januar 1777 erhielt sie die alleinige Leitung und wurde *»würckliche Fayence Direkto-*

rin«. Die Abteilungen Porzellan und Fayence wurden getrennt.

Seraphia verschaffte für sich und ihren Betrieb Bedingungen, die bewiesen, wie geschäftstüchtig und geschickt sie in Verhandlungen war: Beispielsweise erreichte sie, dass ihr Betrieb alles Holz für die Brennöfen kostenlos erhielt. Der Ringler´schen Porzellan-Manufaktur dagegen wurde der Holzverbrauch verrechnet. Für sich hatte Seraphia ein Gehalt von 1020 Gulden jährlich zuzüglich Naturalien erkämpft, während Ringler 1759 mit nur 900 Gulden zuzüglich Naturalien begonnen hatte.

Der Herzog hatte ihr folgenden Vorschlag unterbreitet: 420 Gulden fest vergütet, die restlichen 600 werden in Abhängigkeit vom Gewinn der Fayence fällig, falls eben ein solcher erzielt werde, *»da sie von diesem Werck deductis deducendis einen jährlichen profit von wenigstens 600 fl unterthänigst versichert«*. Für den Fall der Auflösung der Fayence-Manufaktur versprach der Herzog, dass sich ihr Gehalt in eine unwiderrufliche Pension in Höhe von 600 Gulden verwandeln würde. Ihre offiziellen Ansprüche waren mit der herzoglichen Rentkammer vereinbart. Davon unabhängig, handelte Seraphia separat mit der Fayencefabrik Zusagen für ihr Ausscheiden aus. Je nachdem, wer länger lebte, sie oder ihr Mann, sollte eine lebenslange Rente von 1500 Gulden erhalten.

Auf welche Weise es ihr gelang, *»sehr vortheilhafte Conditiones um eines geheimen Umstands Willen«* zu bekommen, blieb unbekannt, man kann nur spekulieren.

Die Fayence-Manufaktur warf den Büchern zufolge immer Gewinne ab, die Porzellan-Manufaktur erzielte dagegen Verluste. Ohne eine zu ihren Gunsten erfolgte »Personalabgrenzung« – die Porzellan-Manufaktur musste den Personalaufwand mittragen - und mit einer normalen Zinsberechnung für das *»im Werk stehende Capital«* wären die scheinbaren Gewinne der Fayencerie aufgezehrt worden. Nicht nur betriebswirtschaftlich, auch bei Personalfragen hatte Seraphia ein geschicktes Händchen: Anerkannte und bekannte Maler wurden angestellt und die Zahl ihrer Mitarbeiter blieb über viele Jahre konstant.

Die Beckès wohnten wie Ringler in den Verwaltungsgebäuden der Manufaktur in der Schorndorfer Straße, im

Seraphia de Beckè

Jägerhofpalais. Das östliche Seitengebäude wurde fast ausschließlich von Seraphias Familie benützt. Diese vergrößerte sich zusehends, da zu den vier Löwenfinck'schen Kindern noch sieben von de Beckè hinzukamen. Ihren Kindern brachten mütterlicher Ehrgeiz und Zielstrebigkeit eine gesicherte Zukunft: Erreichte Seraphia doch, dass ihre Jungen die Hohe Carlsschule in Stuttgart besuchten und die Mädchen in bekannte europäische Adelsfamilien wie zum Beispiel Sayn-Wittgenstein einheirateten.

Bei so viel Erfolg blieben die Neider und Intriganten nicht aus: Seraphia und ihre Töchter, hauptsächlich Apollonia im Vorfeld ihrer Hochzeit mit dem Erbprinzen Carl Graf von Sayn-Wittgenstein, erhielten zahlreiche Schmähbriefe.

Die mit dem Hause Wittgenstein verwandte Familie von Pückler – einer der Familienmitglieder war Obrist-Kammerherr beim Herzog – zählte zu den größten Intriganten und Hintertreibern der Hochzeit Apollonias mit dem Grafen Wittgenstein. Ein Brief, der im Hause Wittgenstein zirkulierte, beschreibt Möglichkeiten, die Heirat zu verhindern:

> »*Herzallerliebster Schwager, zu seinem Unglück ist er* [der Bräutigam] *mit solchen Leuthen verwickelt, denen ich zutraue, dass sie ihn bereden werden sich mit ihrer Tochter in der Stille zu verehelichen [...] So wußte ich kein anderes sicheres Mittel um diesem unseren Häusern bevorstehenden Schandfleck und des Carls eigenes Verderben zu begegnen.*«

In einer ausführlichen Beschreibung der »Mlle Loibenfing« im selben Brief findet sich der Passus:

> »*Sowenig die ganze Familie adelig ist, so behauptet doch die nunmehrige Hauptmännin Becke, daß ihre 3 Lobenfingischen Töchter aus guten altadeligen Geblüth herstammen, ob sie gleich niemalen mit einem Beweiß aufkommen kann.*«

Apollonia war auch deswegen das Ziel der Angriffe, da sie vor ihrem 20. Geburtstag von Herzog Carl Eugen eine Rente von über 2000 Gulden bezogen haben soll. Erwiesen ist, dass der Herzog die Patenschaft ihres Kindes am 4. Juli 1779 übernommen hat. Das hat er nur bei höchstgestellten

Seraphia de Beckè

Ludwigsburger Birnkanne, 1762, Widmungsgeschenk der Seraphia de Beckè an ihren Bruder Laurentius Ignatius von Schick. Detailabbildung: die im Knie des Hochzeitsherolds versteckte Malersignatur de Beckè mit hervorgehobener Schriftbegrenzung, rechts die Originalwiedergabe

Personen oder eigenen Kindern gemacht. Honi soit qui mal y pense.

Seraphia blieb Chefin der Fayence-Manufaktur bis zu deren erneuter Zusammenlegung mit der Porzellan-Manufaktur 1795. Sie war 67 Jahre alt und zog sich am 22. August wohlverdient aus dem Berufsleben zurück, nicht ohne vorher um eine Abfindung in Höhe von 4000 Gulden gekämpft zu haben. Um deren volle Auszahlung musste sie bis 1799 streiten, da man ihr Verkaufserlöse für alte Fayencen in Höhe von 548 Gulden abgezogen hatte. Vielleicht hatte sie mit ihren Forderungen den Bogen überspannt, anscheinend standen alle einflussreichen Kollegen gegen sie: Intendant, Direktor und Kassierer äußerten, *»dass der reduzierten Abfindung rechtens geschähe.«*

Ein anderer selbstständiger Leiter der Ludwigsburger Fayence-Manufaktur ist nicht bekannt. Seraphia de Beckè starb am 26. März 1805, vier Jahre nach ihrem Mann, der es zum Oberstleutnant gebracht hatte.

Da die Künstlerin offensichtlich nur versteckt signiert hat, sind ihre Werke, wenn überhaupt, nur sehr schwer identifizierbar. Aus ihrer Ludwigsburger Zeit wird ihr lediglich eine Fayence in Birnenform, eine so genannte Birnkanne um 1762, zugeschrieben. Nachweislich hat sich Seraphia auf Glasur- und Maltechnik bestens verstanden. Noch 1802 schrieb einer ihrer Mitarbeiter: *»Die Fayenceglasur will ich alle Tage so gut machen als die Madame Beckè.«*

Ludovike Simanowiz

Freigeist und Künstlerin: Eine schwäbische Malerin zwischen Revolution und Restauration

»Denn die Kunst kann und will ich Ihnen nicht bezahlen«, erklärt der Dichter seiner Jugendfreundin in einem Brief, bedankt sich für das Porträt und bietet ihr eine *»Kleinigkeit für die Farbe und die Leinwand an«*.

Man kann davon ausgehen, dass dieses Bild ein Geschenk unter Freunden war, auch war es für die Malerin eine Ehre, den bekannten und berühmten Mann zu porträtieren. Der Dichter war kein Geringerer als Friedrich Schiller. Sein Porträt prägte das schwärmerische Schillerbild des 19. Jahrhunderts, das bis heute nachwirkt, und ließ die »Schillermalerin« in die Geschichte Altwürttembergs und in die Kunstgeschichte eingehen.

Ludovike Simanowiz: Selbstbildnis
Tuschpinselzeichnung auf Papier, um 1787

Wer war denn nun diese Künstlerin, die von ihren Zeitgenossen *»als talentreich und hochgebildet, eine schöne Seele, die politisirte wie ein Mann«*, beschrieben wurde? Justinus Kerner nannte ihre Kunst mit Recht *»als frei und geistreich, charaktervoll und wahr, ohne ängstliche Auffassung und von ausnehmender Zartheit.«* 76 Bilder sind noch von ihr erhalten, davon über 30 Porträts.

Im 19. Jahrhundert war sie eine Berühmtheit, im 20. Jahrhundert wurde sie aus der Geschichte des schwäbischen Klassizismus verdrängt, erst 1989 machte die feministische Forschung in größerem Stil auf die schwäbische Malerin und Demokratin aufmerksam. Ludwigsburg hat sich allerdings schon 1959 wieder an seine einstige Mitbürgerin erinnert: Zu ihrem 200. Geburtstag fand in der Carl-Schaefer-Schule eine Ausstellung mit 62 Exponaten statt.

Kunigunde Sophie Ludovike Simanowiz, geborene Reichenbach stammte aus gutbürgerlichen Verhältnissen. Sie wurde am 21. Februar 1759 als mittleres Kind einer großen Familie – nur fünf der dreizehn Geschwister erlebten das Erwachsenenalter – in Schorndorf geboren. 1762 zog die Familie Reichenbach nach Ludwigsburg. Vier Jahre später kam auch die Familie Schiller in die Residenz- und Garnisonsstadt. Die Väter von Friedrich Schiller und Ludovike Reichenbach dienten als Militärärzte im selben Regiment. Beide Familien wohnten in der Mömpelgardstraße 26. Ludovikes Bekanntschaft mit Schiller und ihre lebenslange Freundschaft mit seiner Lieblingsschwester Christophine, verheiratete Reinwald, hat hier ihren Ursprung.

Ludovikes außergewöhnliche Malbegabung zeigte sich früh und wurde schon in ihrer Kinder- und Jugendzeit gefördert. Aus ihrer Schulzeit gab es ein Skizzenbuch mit Rötelzeichnungen, das sich im Besitz der Familie Reichenbach befand, leider ging es 1944 in den Kriegswirren verloren.

Mit siebzehn verließ Ludovike das Elternhaus und zog nach Stuttgart zu ihrem Onkel Johann Friedrich Reichenbach, dem Leibarzt Herzog Carl Eugens. Sie wollte nur eines: malen lernen. Damaligen Malerinnen blieb als Ausbildungsmöglichkeit nur der Privatunterricht, denn Akademien waren den Frauen verschlossen. Durch den Einfluss ihres Onkels wurde Ludovike Privatschülerin von Nicolas Guibal, dem angesehenen Hofmaler Carl Eugens, der auch

Leiter der Kunstabteilung der Hohen Carlsschule war. Sie lernte bei ihm Zeichnen nach Stichen und Kopieren von Gemälden und bekam eine zeitgemäße Ausbildung in Porträtkunst. Ihre frühesten erhaltenen eigenhändigen Porträts stammen aus der Zeit um 1780.

> *»Sie kommt! Sie kommt!*
> *Ich sehe Ludoviken!*
> *Sie wallt herauf vom Thal!*
> *Auf unseres Nebelberges Rücken!*
> *Sie kommt – ein Sonnenstrahl!«*

Schubart ließ sich zu seinem Gedicht *»Willkomm an Ludoviken«* anlässlich ihres Besuchs auf dem Hohenasperg am 8. Mai 1782 inspirieren. Woher kannten sich die beiden?

Der schwäbische Rebell, Dichter und Musiker Christian Friedrich Daniel Schubart war auf Befehl Herzog Carl Eugens zehn Jahre auf dem Hohenasperg inhaftiert. Seine Haftbedingungen wurden nach einem Jahr so gelockert, dass ihm wieder Lesen, Schreiben und Musizieren erlaubt waren. Regine Voßler, Ludovikes engste Freundin, nahm damals bei Schubart Klavierunterricht und ließ sich des Öfteren von ihrer Freundin begleiten. Schubart hatte wohl Ludovike sehr ins Herz geschlossen, umgekehrt empfand sie eine große Achtung vor dem mutigen Mann, dessen kritischer Geist selbst durch die Haft nicht gebrochen war.

Ludovike brach 1787 alle damaligen Konventionen, als sie dem Rat ihres drei Jahre zuvor verstorbenen Lehrers Guibal folgte – *»dass der deutsche kein Feuer habe; daher, wenn der Künstler wandere, er zuerst nach Paris solle«* – und allein zu Studienzwecken in die französische Kunstmetropole zog. Gewiss war Ludovike unerschrocken und emanzipiert, doch ließen sie die guten privaten Beziehungen des frankophilen Elternhauses und eine fürstliche Unterstützung ihre Kunstreise leichter antreten – Franziska von Hohenheim hatte der begabten Künstlerin finanzielle Unterstützung für ihren Studienaufenthalt verschafft. Aus mehreren Briefen des Onkels an Ludovike in Paris geht hervor, *»dass die Frau Herzogin dir 15 Louis d´Or geschenkt habe [...] nütze deine Zeit in Paris gut und erweise dich der Gnade der Frau Herzogin würdig«.*

Bevor Ludovike nach Paris aufbrach, verlobte sie sich mit Franz Simanowiz, einem langjährigen Freund. War er doch für sie »*der zärtlichste Gegenstand ihres Herzens*«. Simanowiz hatte »*viel Kunstsinn und ein geübtes Auge*«. Er hätte es für ein Verbrechen gehalten, seine geliebte und bewunderte Ludovike der Kunst zu entziehen.

Am Vorabend der Revolution herrschte in Paris eine erregte Stimmung. Ludovike geriet in eine aufregende Zeit, in der neue Gesellschafts- und Staatsmodelle diskutiert wurden. Hier fühlte sie sich in ihrem Element, denn neben Malerei war Politik ihre zweite Leidenschaft.

28 Jahre alt, selbstbewusst und von natürlicher Wesensart, wurde Ludovike Privatschülerin von Antoine Vestier, der bevorzugte Porträtist und Miniaturist der gehobenen Bourgeoisie. Sie lernte bei ihm die Raffinesse der französischen Porträtkunst des späten Rokoko. Im Pariser Freundeskreis war sie beliebt. Ihre schwäbische treuherzige Art machte sie zum »*bonne enfant*«. Auf ihre Abreise reagierten die Freunde mit großem Bedauern. Im Dezember 1788 fuhr sie an den Hof von Mömpelgard, um den Bruder Carl Eugens, Friedrich Eugen, und seine Familie zu porträtieren. Von diesen Porträts fehlt heute jede Spur.

Ende 1789 kehrte Ludovike als gut ausgebildete Malerin nach Ludwigsburg zurück und hatte alsbald zwei Seelen in ihrer Brust: die eine der Pariser Künstlerin, die andere der Verlobten und zukünftigen Ehefrau im Heimatland. Sie versuchte ihre künstlerischen Ambitionen mit den häuslichen Aufgaben zu vereinen. Anfangs schien es auch zu funktionieren, denn um 1790 malte Ludovike einige ihrer schönsten Porträts und im Mai 1791 heiratete sie Franz Simanowiz, die Braut war 32, der Bräutigam 38 Jahre alt.

Bald zeigte das Modell der Vereinbarkeit von Kunst und Herd Risse: Ludovike vermisste Paris, den Sitz der Künste, und ihren Pariser Freundeskreis, sie brauchte die Auseinandersetzung mit anderen Künstlern und das Großstadtleben. Also reiste sie, wenige Monate nach ihrer Hochzeit, allein ein zweites Mal »*in den Ort wo die Künste einander freundlich die Hände bieten*«. Es spricht für die partnerschaftliche Beziehung des Paares und die große Bewunderung für die Kunst seiner Frau, dass Franz Simanowiz Ludovike noch in den Flittermonaten ziehen ließ.

Die Revolutionswirren machten damals die Kulturmetropole zu einem gefährlichen Pflaster: Ludovike erlebte den Sturm auf die Tuilerien im August 1792, bei der die königliche Familie gefangengenommen wurde, aus nächster Nähe, danach die »Septembermorde« und die Abschaffung der Monarchie. Sie wurde als verdächtige Ausländerin verhört und ihre anfängliche Begeisterung für die Ziele der Französischen Revolution verwandelte sich in Ernüchterung und später in Ablehnung:

> *»Wie schön und groß kam mir anfangs die Revolution vor, und wie oft entlockte mir die Bewunderung Thränen, ich war eine wahre Democratin aus voller Seele – allein ich bin es nicht mehr [...] Aus Neugier wohnte ich einigemale dem Jakobinerklubb bei [...] Vom Umbringen spricht man wie von Ohrfeigen.«*

schrieb sie an Schillers Schwester, Christophine Reinwald. Unter Lebensgefahr gelang Ludovike mit Hilfe von Freunden die Flucht aus Paris. Sie kehrte politisch desillusioniert 1793 nach Ludwigsburg zurück. Ihre Träume von einem anderen freieren Leben waren ausgeträumt.

Im gleichen Jahr porträtierte Ludovike die Eltern Schillers und anschließend ihren Jugendfreund in der bekannten Pose des versunkenen Dichtergenies. Im April 1794 bat Schiller sie:

> *»Ich wollte Sie mündlich bitten, mir auch meine Frau zu mahlen und zwar eben von der Größe wie mein Porträt ist. Da ich nicht weiß wann ich Sie sehe, und diese Sache doch nicht länger aufschieben darf, so thue ich es hiemit schriftlich. Bestimmen Sie also, wenn Ihnen meine Frau gelegen kommt.«*

Neben Charlotte Schiller hat sie auch die drei Schwestern des Dichters gemalt.

Das war der Durchbruch! Jetzt war sie in ihrer Heimat eine anerkannte und gefragte Malerin. Leider blieb die Zahl der Auftragsarbeiten gering. Ludovike hatte fatalerweise eine idealistische Einstellung zu ihrer Malerei und verstand sie nicht als Brotberuf, sondern als Selbstverwirklichung. Später allerdings war sie durch die Krankheit ihres Mannes gezwungen, Geld zu verdienen:

Friedrich Theodor Vischer als Kind
Ölgemälde von Ludovike Simanowiz, um 1815

> »Ich habe mich an die Nothwendigkeit, die Kunst mitunter als Erwerb treiben zu müssen gewöhnt, und habe es durch meinen Fleiß so weit gebracht, dass wir unabhängig leben können. Was wäre aus unserem Schicksal geworden, wenn mir Gott nicht den Muth geschenkt hätte, meine Kunst auf eine, ich gestehe es, sehr unangenehme Art zu treiben. Nun ist der Lohn doch süß«

So schreibt sie als Fünfzigjährige an ihre engste Freundin Regine Voßler. 1799 hatte ihr Mann mit 46 Jahren einen Schlaganfall erlitten, der ihn an beiden Beinen lähmte. Er wurde dienstunfähig, zusätzlich zu seiner Pflege musste Ludovike den Haushalt mitfinanzieren. Neben einigen Porträtaufträgen gab sie in erster Linie Malunterricht. Wie schwer ihr das fiel, geht aus einem Brief an Regine Voßler hervor:

> »Wenn ich einer Schülerin immer wieder dieselben Fehler corrigiren muss, wenn es an Fleiß und Talent, kurz

> an Allem fehlt [...] und ich mich sechs bis acht Stunden abgemüht habe, bekomme ich heftig Kopfweh, oder eine solche Anspannung, dass ich´s nicht beschreiben kann. Die Nothwendigkeit gebietet mir diesen Unterricht fortzusetzen.«

Mit zunehmendem Alter zog sich Ludovike immer mehr ins Private zurück. Sie malte nicht nur weniger, sondern die Qualität ihrer Bilder nahm zusehends ab. »*Meine sonst so guten Augen fangen an, mir ihre alten Dienste zu versagen*«, schrieb sie an die Freundin.

Ludovike musste sich immer wieder mit den Depressionen ihres Mannes auseinander setzen, seine Pflege nahm sie völlig in Anspruch. Hat sie sich einfach in ihr Schicksal ergeben? Wie sonst ist ihr Gedicht »*Das Los der Frauen*« zu verstehen:

> »*Ihr armen Weiber! / Wüßtet ihr oder ich denn / in eurem vernähten, verkochten, verwaschenen Leben, / dass ihr eine Seele hättet, / wenn ihr euch nicht damit verliebtet?/ Ach, in euren langen Thränen-Jahren / bringt ihr euer Haupt nie empor, / als einen sonnenhellen, kurzen Tag der Liebe, / und nach ihm versinkt euer beraubtes Herz / wieder in der kühlen Triste.*«

Ludovike Simanowiz hat die »*kühle Triste*« immer wieder überwunden. Mit ihrer Malerei gelang »*der Zauberin mit Farben*«, so Schubart, die Verwirklichung ihrer Talente und Fähigkeiten. »*Die Kunst der Malerei ist dieser Frau angeboren, nicht angelernt*«, schreibt Justinus Kerner in seinem 1849 erschienenen »Bilderbuch aus meiner Knabenzeit«.

Am 2. September 1827 stirbt Ludovike Simanowiz achtundsechzigjährig an den Folgen einer Lungenentzündung, drei Monate nach dem Tod ihres Mannes.

In Ludwigsburg ist die Malerin nicht vergessen. 1985 wurde an ihrem Todestag auf dem Alten Friedhof ein Gedenkstein an ihrer vermuteten Grabstätte errichtet. Zeitgleich waren im Städtischen Museum zehn Ölgemälde und einige Studienblätter von ihr zu sehen. 2002 würdigte das Städtische Museum in einer Ausstellung unter dem Titel »Der freie Blick« ihr Werk und das ihrer Künstlerkollegin Anna Therbusch.

Beate Paulus

Ein Leben als Gratwanderung zwischen religiöser Hingabe, Sorgen und ehernen Erziehungsgrundsätzen

Beate – die Glückliche. Nomen est Omen? Wurde Beate Paulus in ihrem Leben glücklich, so wie sich das die Eltern mit der Wahl ihres Namens gewünscht hatten? Von unserem heutigen Standpunkt aus betrachtet und an unseren heutigen Vorstellungen von Glück gemessen, sicher nicht. Denn auf den ersten Blick war das Leben der Beate Paulus ein steiniger Pfad, und es fällt uns schwer, ihr an strengen Glaubensgrundsätzen verankertes Leben als vorbildliche Mutter, als Erzieherin und als gottesfürchtige Beterin so zu verstehen, wie sie es empfunden haben mag. Das Leben, Handeln und Denken der Beate Paulus wird aber durch den Einfluss des Pietismus auf die protestantische Kirche Württembergs im 18. und 19. Jahrhundert erklärbar, oder zumindest verständlicher.

Abgegrenzt gegen Aufklärung und Rationalismus, entstand innerhalb dieser Bewegung das Ideal eines an der Bibel orientierten praktischen Christentums, das sich in lebendiger Frömmigkeit und tätiger Nächstenliebe äußerte.

Neben dem Vordenker Johann Albrecht Bengel aus Winnenden waren der Pfarrer Johann Friedrich Flattich, der Großvater Beates, und der Pfarrer, geniale Tüftler und Konstrukteur Philipp Matthäus Hahn, ihr Vater, bedeutende Vertreter dieser Glaubensrichtung in Württemberg. Vor allem Flattichs Predigten und Hahns Erbauungsschriften waren bei den Gemeinden sehr geschätzt.

Großvater Flattich und Vater Hahn waren die prägenden Vorbilder in Beates Leben. Sie allein fühlte sich als geistige Erbin des theologischen Nachlasses ihres Vaters und ihres Großvaters und sah es gar als Gottes Auftrag, die Manuskripte des Vaters drucken zu lassen. Mit gleichem Eifer ermöglichte sie ihren Söhnen trotz finanzieller Nöte ein Studium und unterstützte sie anschließend in ihrer beruflichen Laufbahn. Sie war der Mittelpunkt und die Seele des gemeinsam aufgebauten Schulbetriebs auf der Karlshöhe in Ludwigsburg.

Beate Paulus
Zeitgenössische Miniatur

Beate wurde am 8. Januar 1778 als erstes Kind von Philipp Matthäus Hahn und seiner zweiten Ehefrau Beate Regina, der Tochter Johann Friedrich Flattichs, in Kornwestheim geboren. Ihr folgten noch drei Geschwister.

Als Beate drei Jahre alt war, wurde der Vater auf eine neue Pfarrstelle nach Echterdingen versetzt. Beate kam zu den Großeltern Flattich nach Münchingen in Pflege und blieb dort bis zu ihrem neunten Lebensjahr.

Im Hause Flattich herrschte eine andere Atmosphäre als im Hahn´schen Haushalt. Hahn war gewohnt, dass alle seine Anweisungen peinlich genau befolgt wurden. Im Gegensatz dazu beschrieb Flattich seine Haltung so:

> *»Ein rechter Hausvater ist der, der nach dem Vorbild Christi handelt: ›Vater nicht mein, sondern dein Wille geschehe!‹, der also nicht meint, seine Kinder, seine*

> *Frau und sein Gesinde müssten tun, was er wolle. Wenn schon manches gegen seinen Willen geschieht, bleibt er doch Hausvater. Er muss sich´s nur gefallen lassen, wenn er zu weilen nichts gilt.«*

Beate hat viel von ihrem Großvater gelernt, er war es auch, der ihr humanistische Bildung und alte Sprachen beibrachte, denn Flattich hatte erkannt, *»dass nur gebildete Mädchen ihre Kinder auch richtig erziehen können«.*

Für die damalige Zeit eine ungewöhnliche Auffassung, denn im ausgehenden 18. Jahrhundert wurden Mädchen hauptsächlich in Haushaltsdingen ausgebildet, es genügte, wenn sie lesen, schreiben und rechnen konnten. Der Besuch eines Gymnasiums oder einer Universität war für Mädchen unmöglich. Frauen hatten für Haus und Hof, Küche, Herd, Kind und Kirche da zu sein. Diese Meinung war so tief verankert, dass Professoren in ihren Abhandlungen gar der Frage nachgingen: *»Kann ein Weib ein Mensch sein?«*

Nach ihrer Rückkehr zu den Eltern sah der Vater in Beate eine Seelenverwandte, übernahm sie doch ganz seine Überzeugung. Hahns Einfluss zeigt sich in einem überlieferten Spruch der Hahn´schen Kinder aus dieser Zeit:

> *»Zuoberst stehet dir der liebe Heiland, aber nach ihm kommt gleich dein Vater selig.«*

Beate war erst zwölf Jahre alt, als am 2. Mai 1790 der Vater, ihre Idealfigur, starb. Die erst zweiunddreißigjährige Witwe Regina Hahn zog mit den vier Kindern zu ihrem Vater nach Münchingen zurück.

Beate wurde dank Großvater und Mutter nicht einseitig »frauengemäß« erzogen. Dem Studium der großväterlichen und väterlichen Schriften verdankte sie ihren selbstständigen, eigenwilligen Standpunkt, der sie allerdings unter den Frauen im Bekanntenkreis keine gleichwertigen Gesprächspartnerinnen finden ließ. Bei theologischen Auseinandersetzungen mit Männern hingegen stieß sie meist auf herablassende Belehrung. Wirkliche Anerkennung fand sie nur bei ihren Brüdern und später bei ihren Söhnen. Nach dem Tod Flattichs am 1. Juni 1797 zog die Mutter mit den Kindern nach Ludwigsburg.

Im Frühjahr 1800 lernte Beate bei ihrem Onkel in Stuttgart Karl Friedrich Paulus kennen. Paulus' großbürgerliches Elternhaus hatte keinerlei pietistische Wurzeln, der Vater war Hofrat und Oberamtmann in Schorndorf. Paulus beschäftigte sich während seines Theologiestudiums in Tübingen mit dem aufkommenden Rationalismus, zog zur Weiterbildung nach Jena und lernte die dortigen Geistesgrößen kennen. Nach seiner Rückkehr übernahm er die Pfarrstelle in Klosterreichenbach im Schwarzwald.

Ihr Onkel sprach von Paulus' frommer Gesinnung und *»dass Paulus glücklich wäre, Hahns Tochter zur Frau zu bekommen, und damit eine Frau zu haben, die er mit sich in den Himmel nehmen könne«.* Bei ihm wäre sie gut versorgt.

Zeit zum Nachdenken blieb Beate nicht, alles ging sehr schnell: die Verlobung mit dem vierzehn Jahre älteren Paulus, die Hochzeit am 24. April und der Aufbruch des neugebackenen Ehepaares nach Klosterreichenbach, um die dortige Wohnung einzurichten.

Schon bald zeigten sich große Unterschiede zwischen den Eheleuten: Beate war durch und durch Pietistin und bescheiden, sie hatte eine ganz persönliche Verbindung zu Gott und weltliche Vergnügungen waren ihre Sache nicht. Paulus dagegen hatte durch das Elternhaus einen großzügigen Lebensstil mitbekommen, er liebte Geselligkeit und guten Wein, einen Lebenswandel also, der sich nicht mit einer mäßig bezahlten Pfarrstelle vereinbaren ließ.

Im Frühjahr 1801 kam Beates erste Tochter zur Welt. In den folgenden Jahren vergrößerte sich die Familie rasch und Sorgen und Mühen wechselten einander ab. 1809 hatte König Friedrich I. für Württemberg eine neue Liturgie eingeführt, über die sich Paulus öffentlich missfällig äußerte. Damit war für immer seine angestrebte Pfarrerkarriere verbaut. Eine Strafversetzung nach Ostelsheim bei Weil der Stadt war die Quittung für sein aufmüpfiges Verhalten. Das verringerte Einkommen reichte kaum noch für das Nötigste. Beate musste die Familie zusätzlich mit dem Ertrag einiger von ihr bewirtschafteter Äcker miternähren. Trotz aller Bemühungen überschritten die Ausgaben meist die Einnahmen und die häuslichen Spannungen wuchsen. Für Beate bestanden die nächsten Jahre nur aus Kindbett – insgesamt brachte sie zwölf Kinder zur Welt, neun blieben am Leben – und harter Feldarbeit. Kein Wunder, dass sie 1811 nach einer Lungenentzündung todkrank wurde. Es gab keine Hoffnung mehr. Ihre Mutter traf schon die Vorbereitungen zur Beerdigung, die Dorfbewohner nahmen weinend von ihr Abschied und Paulus betete mit seinen Kindern im Nebenzimmer. Plötzlich, völlig überraschend für alle, erwachte Beate und sagte: *»[...] ich sterbe nicht, ich war zwar schon an der Pforte zur Ewigkeit gestanden, doch Gott hat mein Leben für meine Kinder erhalten.«*

Nach ihrer unerwarteten Genesung und der monatelangen Rekonvaleszenz sah Beate jetzt ihre wesentliche Aufgabe darin, *»den Sinn ihrer Kinder auf etwas Höheres zu lenken«*.

Wie so oft kommt ein Unglück selten allein: Paulus wurde nach Talheim bei Tuttlingen versetzt, ins schwäbische Sibirien, einem Dorf abseits aller Landstraßen. Geistige Anregungen erhielt er dort nicht, für ihn spielte sich Geselligkeit hauptsächlich im Wirtshaus ab. Seine Wirtshaushockerei und seine mangelnde Bereitschaft, die Söhne selbst bis zur Hochschulreife zu unterrichten, waren ständiger Konfliktstoff zwischen den Eheleuten. Woher nur das Geld für eine auswärtige, kostspielige Schulbildung nehmen?

Beates Ansicht: *»Läßt man sie nicht lernen was ihnen Freude macht, suchen sie andere Freuden, sinnliche [...], die dann leicht zu sündlichen Freuden werden [...] sie gehen verloren. Ich möchte nicht das Angesicht meines Vaters sehen wenn ich hinüberkäme in die Ewigkeit und hätte ihnen nicht fortgeholfen, als ich´s irgend vermocht«*, interessierte Paulus nicht.

Nach einem Streit schrieb Beate in ihr Tagebuch:

> *»Er geriet so außer sich, dass er mich mit dem Stecken auf der Bühne herumjagte und schrie, dass sein Bruder ihm Grüße aufgetragen habe, wann ich mich wehren wolle, solle er mir die Rippen hineinstoßen, der Stecken sei viel zu gut für mich«*, und einige Tage später: *»[...] war mir die ganze Woche die Handlungen meines Mannes unerträglich.«*

Wegen Geldmangels musste immer wieder der Schulbesuch der Buben unterbrochen werden. Beate machte im Dorf Schulden und der eheliche Streit ging weiter, ein Kreislauf, der sich nicht unterbrechen ließ.

Oft schien es, als habe sich die ganze Welt gegen Beate

verschworen. Sie musste nicht nur die Schläge ihres Mannes ertragen, es quälte sie fortwährend die Ungewissheit der Zukunft. Wie das Vermächtnis ihres Vaters erhalten und eine angemessene Ausbildung für ihre Söhne bekommen?

Dass sie alles aus- und durchgehalten hat, verdankte sie ihrem Vertrauen in Gottes Fügung und hauptsächlich ihrer Mutter. Beate Regina Hahn fand einen geeigneten Finanzierungsplan für die Bildung ihrer älteren Enkel: Die Familien Hahn und Paulus sollten gemeinsam die dafür notwendigen Mittel aufbringen. So konnten Friedrich und Gottlob Medizin, Philipp und Imanuel Theologie und Christoph Bergwissenschaften studieren, Wilhelm machte eine Ausbildung zum Apotheker. Was aber passierte mit Beates Töchtern? Erstaunlicherweise ist darüber nichts bekannt und das bei einer Mutter, die das Privileg hatte, von Großvater Flattich eine solide Bildung bekommen zu haben.

Da für Beate ihre Mutter viele Jahre Trost und unterstützende Kraft war, hinterließ deren Tod 1824 in der Familie eine unersetzliche Lücke. Beate erbte den gesamten theologischen Nachlass ihres Vaters. Nächtelang arbeitete sie an den Manuskripten und fand große Kraft beim Studieren der Predigten. Für kurze Zeit war wieder etwas Frieden in der zerrütteten Ehe. Paulus´ Schwester kommentierte dagegen die Situation aus ihrer Sicht:

> *»Er dauert mich ungemein. Daß er an der unglücklichen Wahl seiner Gattin, dieser stockeigenen Pietistin, zugrunde gehen musste.«*

Am 22. November 1828 starb Paulus fünfundsechzigjährig. Beate stand vor dem Nichts, musste schleunigst das Pfarrhaus in Talheim räumen und mit dem Verkauf der Möbel ihre Schulden zahlen. Sie zog nach Münchingen. Die Evangelische Brüdergemeinde im benachbarten Korntal suchte 1830 einen Arzt und einen Apotheker. Eine Chance für Friedrich und Wilhelm Paulus. Sie zogen nach Korntal und eröffneten eine ärztliche Praxis und eine Apotheke. Zwei Töchter Beates kamen als Haushälterin und Pflegerin dazu, Beate folgte bald nach.

Sechs Jahre später wurde Philipp Paulus nach Korntal gerufen, um die dortige, in Schwierigkeiten geratene Korntaler Knabenschule zu übernehmen. Seine Brüder Christoph und Imanuel folgten als Lehrer nach. Durch die neue Leitung wuchs die Reputation der Schule und die Schülerzahl stieg so rasch an, dass das alte Schulhaus bald aus allen Nähten platzte. Die Brüder wollten ein größeres bauen, doch der Korntaler Gemeinderat machte bei der Baugenehmigung Schwierigkeiten.

Zu diesem Zeitpunkt boten die Ludwigsburger Stadtväter den Verkauf des Gutes Catharinenplaisier am Salonwald, der heutigen Karlshöhe, an.

> *»Nach einigem Zögern beschlossen wir, den Weg, den die Hand Gottes uns geöffnet hatte, zu betreten. Am 4. November 1837 wanderte die Schaar der Zöglinge unter unserer und der Lehrer Leitung aus Kornthal auf den neuen Wohnplatz«.*

Ihrer neuen Schule gaben die Brüder Paulus stolz und selbstbewusst den Namen »Wissenschaftliche Bildungsanstalt auf dem Salon«. Im privaten Gymnasium und Internat der Paulus-Familie wurden zehn- bis achtzehnjährige Jungen naturwissenschaftlich-theologisch gebildet und erzogen. Das Ziel der Schule war die Vorbereitung auf ein Universitätsstudium. Jedes Jahr kam eine staatliche württembergische Prüfungskommission auf den Salon. Mit wenigen Ausnahmen bestanden immer alle Schüler die Prüfungen.

Fast alle Paulus-Geschwister lebten und arbeiteten dort: die Söhne als Direktor, Lehrer, Anstaltsarzt und die Töchter hatten die Oberaufsicht über Küche, Reinigung und die Wäsche der Zöglinge.

Beate erteilte keinen Unterricht, sie betreute die Schüler persönlich und vertrat Mutterstelle an ihnen. Abends kam sie in die Aufenthaltsräume und spielte mit den Zöglingen oder las ihnen vor. Sie war Vertraute, gab geistigen wie geistlichen Beistand und wollte auf diesem Weg die Jugendlichen für ein christliches Leben gewinnen. Nebenbei leitete sie noch den landwirtschaftlichen Betrieb der Schule.

Auf Beates Wunsch wurde zusätzlich zu den Gottesdiensten in der Hauskapelle jeden Morgen und jeden Abend eine Hausandacht gehalten, an der alle teilnahmen: Schüler, Familienmitglieder, Lehrer und Dienstboten. Manche Nacht durchwachte Beate im Gebet.

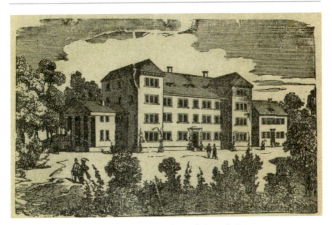
*Wissenschaftliche Bildungsanstalt auf dem Salon,
Mitte 19. Jahrhundert*

> »Ich habe so viel zu beten für den König, für seine Minister und Räte, für die Universitäten, Lehrerseminare, Schulen, meine Kinder, Anverwandten und Freunde.«

Beate war nun weit über sechzig und arbeitete nach wie vor unermüdlich. Als sie im Herbst 1841 längere Zeit krank im Bett liegen musste, fand sie endlich Zeit und Muße, ihre Gedanken über Kindererziehung aufzuschreiben.

> »O darum wäre das Allernötigste und Beste für die Eltern, welche für ihrer Kinder Heil besorgt sind, wenn sie bei der Erziehung ihrer Kinder auch auf die rechten Mittel bedacht wären, auf die, welche ihnen Gott an die Hand gibt.«

Im Januar 1842 lag viel Schnee in Ludwigsburg. Die Schüler stürzten sich vehement in eine ausgiebige Schneeballschlacht und die vierundsechzigjährige Beate machte begeistert mit. Nach der langen Rauferei in Schnee und Kälte bekam sie eine fiebrige Erkältung. Die Krankheit verschlimmerte sich und am 24. Januar starb Beate im Kreis ihrer Kinder. Fünf Jahre lang war sie in der Schule am Salon »die Sonne unter ihren Planeten« gewesen. In Kornwestheim steht auf ihrem Grabstein: »*Alles was ihr bittet im Gebet, so ihr glaubet, werdet ihrs empfangen.*«

Sarah Liebmann

Sternwirtin mit aufrührerischen Reden

Sarah Liebmann, geboren 1801 in Bayern, war die Ehefrau des Ludwigsburger Sternwirts und überzeugten Republikaners Samuel Liebmann. Sie traf täglich in ihrer Wirtschaft mit Handwerkern, Händlern, Arbeitern und Soldaten zusammen. Sarah war eine einfache Frau, hatte das Herz auf dem richtigen Fleck und gab ihre Meinung ungeniert zum Besten. Das wäre ihr beinahe zum Verhängnis geworden. Nie im Leben hätte sie gedacht, dass sie für ihre Worte vor Gericht zitiert und Zeugen gegenübergestellt werden würde. Aufrührerische Reden soll sie gehalten haben!

In Ludwigsburg fand die Revolution von 1848 eigentlich nicht statt – allein die Brauerei zum Stern in der Seestraße war republikanischer und damit oppositioneller Mittelpunkt in der konservativen Beamten- und Soldatenstadt. Es wurden Versammlungen abgehalten, Revolutionsfahnen bestickt und in der bürgerlichen Gesellschaft verwegene Konversation gepflegt, doch Unruhen oder Krawalle gab es keine. Nur am 21. Juni 1848 kam es zu einem Tumult: Anlass war die Verhaftung eines Soldaten namens Hartmann vom Königlichen 8. Infanterieregiment wegen revolutionärer Umtriebe. Seine Regimentskameraden und zahlreiche Zivilisten forderten seine Freilassung. Da griff das Mi-

Ehemalige Brauerei zum Stern, späterer Gasthof zum Rebstock, Seestraße 9

litär ein, zum Glück konnte eine blutige Konfrontation verhindert werden. Die Ludwigsburger waren maßlos empört, wie das Militär mit ihnen umgegangen war. Der Zwischenfall ging vorüber und das Leben in der Stadt wieder seinen gewohnten Gang. Jetzt machten sich Ermittlungsbeamte an die Arbeit. Außer gegen zwei Hauptschuldige leiteten sie auch ein Verfahren gegen die Sternwirtin Sarah Liebmann ein: Sie war von zwei Soldaten angezeigt worden, in ihrer Gaststube aufrührerische Reden geführt zu haben:

> *»Sie sollen nur warten, wenn der Fourier Hartmann heut´ noch ´rauskommt, so dürfen sie bei mir umsonst Bier genug trinken, sie sollen nur machen, dass der Hartmann heut´ noch raus kommt.«*

Verkaufsanzeige des Sternwirts Samuel Liebmann. Ludwigsburger Tagblatt, 24. August 1854

Die Mühlen der Justiz begannen zu mahlen und es erfolgte eine Gegenüberstellung von Sarah mit den Denunzianten. Bei ihrer Vernehmung bestritt sie energisch, zur gewaltsamen Befreiung eines Gefangenen aufgestachelt zu haben. Man fand keine weiteren Zeugen und das Verfahren musste mangels Beweisen eingestellt werden.

Da ihr Mann weiterhin als »politisch Aktiver« galt, wurden nun beide zahlreichen Schikanen ausgesetzt. Zeitweise wurde den Soldaten sogar der Besuch des Sterns verboten. Sarah und Samuel Liebmann zogen daraus ihre Konsequenzen und machten sich alsbald zu neuen Ufern auf: In der neuen Heimat in Amerika blieben sie ihrem Metier treu und bauten eine gut gehende Brauerei auf.

Friederike Franck

Wohltäterin in der Gründerzeit

> »Mein bester Gehilfe, das war meine Gattin [...] ohne ihre Hilfe mit dem verständigen Zusammengehen in Arbeit und Sorge hätten wir es nicht so weit bringen können.«

Dies bescheinigte kein Geringerer als der Fabrikant Johann Heinrich Franck seiner Ehefrau Friederike, geborene Marquardt, noch zu Lebzeiten.

Friederike Franck war am 17. Juni 1812 in Walheim geboren worden und wurde die zweite Frau des Gründers der Zichorienfabrik in Vaihingen an der Enz. Sie war der gute Geist des Unternehmens. Für notleidende Kranke gab es täglich Fleisch und Suppe aus der Franck'schen Küche. Friederike Franck gründete für ihre Arbeiterinnen in Vaihingen eine Kleinkinderpflege, die nach ihrem Umzug nach Ludwigsburg fortgeführt wurde. Nach dem Tod ihres Mannes war sie noch zehn Jahre eine unermüdliche Wohltäterin und gewann die Herzen der Ludwigsburger. Hochverehrt starb sie am 17. Februar 1885. Im öffentlichen Nachruf wurden ihr Leben und Werk als das »der unermüdlichen Wohltäterin der Armut« empathisch beschrieben. Ihr Testament verfügte, dass der Ertrag ihrer Stiftung – 2000 Mark alljährlich – an ihrem Todestag an die Armen der Stadt verteilt werde.

Friederike Franck, zeitgenössischer Kupferstich

Unternehmerinnen im 19. Jahrhundert

Geschäftsfrauen, die aus der Not eine Tugend machten – oder wie veränderte Umstände ungeahnte Fähigkeiten frei setzten

Im 19. Jahrhundert war es meistens der Zwang zum Broterwerb oder die blanke Not, die Frauen zu Unternehmerinnen machte. So finden sich im »Ludwigsburger Wochenblatt«, der späteren »Ludwigsburger Kreiszeitung«, schon früh Anzeigen von Geschäftsfrauen, die um Kundschaft werben. Als Beispiele seien die Witwen Christine Katharine Lotter, Friederike Louise Lotter und Caroline Neubert erwähnt. Friederike Kammerer, die Frau des Erfinders der Zündhölzchen, führte während der Haft ihres Mannes das Unternehmen weiter. Rebekka Elsas trat als Teilhaberin nach dem Tod ihres Mannes in die Textilfabrik Elsas & Söhne ein.

Friederike Kammerer, am 8. Januar 1807 in Ludwigsburg geboren, war die zweite Ehefrau des Unternehmers und Erfinders der Phosphorzündhölzer, Jakob Friedrich Kammerer. Friederike galt als außergewöhnlich intelligent und hat ihren Ehemann wohl auch geschäftlich unterstützt. Das Jahr 1833 brachte die Kammerers in arge Bedrängnis: Jakob Friedrich, der sich an der Verbreitung revolutionärer Schriften beteiligte und aus seiner demokratischen Gesinnung kein Geheimnis machte, wurde inhaftiert und kam am 1. Juli auf den Hohenasperg. Seine Frau versuchte vor der Hausdurchsuchung die politischen Schriften zu vernichten und zog sich Verbrennungen an den Händen zu. Unglücklicherweise fand die Polizei noch ein belastendes Schriftstück.

> **Vermischte Nachrichten.**
> Unterzeichnete macht hiemit die ergebenste Anzeige, daß sie während der Abwesenheit ihres Mannes dessen bisheriges Geschäft ungehindert fortzusetzen in Stand gesetzt ist. Mit einer vorzüglichen Auswahl von Seidenhüten versehen, empfiehlt sie sich unter Zusicherung billigster Preise zu fernerer geneigter Abnahme. Friedrike Kammerer, SeidenhutFabrikantin.

Friederike, 26 Jahre alt und mit der Sorge um fünf Kin-

45

der umgetrieben, führte ab August 1833 das Geschäft ihres Mannes weiter.

Nach Kammerers Haftentlassung wegen seiner Bluthustenanfälle im Oktober desselben Jahres durchlebte das Ehepaar schwere Zeiten: Kammerer litt unter den Nachwirkungen der Haft und ein schwebendes Strafverfahren behinderte sein geschäftliches Fortkommen. Obwohl seine Zündholzproduktion florierte, verlangten die Nachbarn die Schließung der Fabrik wegen ihrer Gefährlichkeit. So war er gezwungen, 1837 mit seinem Betrieb in ein neues Anwesen zu ziehen. Eine weitere Katastrophe bahnte sich an, als Jakob Friedrich 1838 zu zwei Jahren Festungshaft und Friederike zu drei Tagen Arrest verurteilt wurde. Um ihrer Festnahme zu entgehen, verließ die Familie das Land und wagte in der Schweiz einen Neuanfang.

> (Abschied.) Allen meinen Freunden und Bekannten, bei welchen ich mich wegen Mangel an Zeit nicht mehr persönlich verabschieden konnte, sage ich hiemit ein herzliches Lebewohl.
> Den 30. Januar 1841.
> Friedrike Kammerer.

1842 erhielt Kammerer die Erlaubnis zur Rückkehr nach Ludwigsburg. Zündhölzer durfte er nicht mehr herstellen. Am 3. Mai 1846 starb Friederike mit nur 39 Jahren. Von ihren drei noch lebenden Kindern war das Jüngste gerade sechs Jahre alt.

Was hätte die dreiundvierzigjährige **Christine Katharine Lotter** tun sollen, als im Herbst 1834 ihr Mann Christoph Heinrich Lotter, der Ludwigsburger Stadtrat, Konditor, Spezereien- und Gemischtwarenhändler, unerwartet starb? Achtzehn Kinder hatte sie ihm bis dahin geboren und das neunzehnte war unterwegs. Zwar waren einige Kinder früh gestorben, doch ein Dutzend hungriger Mäuler musste gestopft werden. Der Witwe blieb nichts anderes übrig, als das Unternehmen weiterzuführen. Nach zwölf nicht ganz einfachen Jahren konnte Christine 1846 das Unternehmen ihrem Sohn Albert Lotter übergeben. Das Geschäft entwickelte sich erfreulich, nachdem durch die Industrialisierung eine zunehmende Nachfrage nach Eisenwaren entstand. Doch auch Albert Lotter verstarb jung und ließ 1869 nach dem Umzug des Unternehmens in die Obere Marktstraße eine Witwe mit sechs unmündigen Kindern zurück. So musste nur ein Jahr nach dem Tod der tatkräftigen Chri-

> **Bekanntmachung.**
>
> Um falschen Gerüchten zu begegnen, wie sie namtlich auf dem Lande verbreitet werden, finde ich nöthig zu erklären, daß das von meinem sel. Manne, dem
>
> **Kaufmann Albert Lotter,**
>
> seither betriebene
>
> **Klein- und Grobeisen-Geschæft**
>
> in unveränderter Weise fortbetrieben wird.
>
> Für das demselben seither geschenkte Wohlwollen freundlich dankend, versichere ich zugleich, daß es mein eifrigstes Bestreben sein werde, durch reelle Bedienung und billige Preise das bisher geschenkte Vertrauen zu erhalten und empfehle mich bestens.
>
> **Friederike Lotter,**
> Firma: Albert Lotter.

stine Katharine auch ihre Schwiegertochter **Friederike Louise Lotter** das Unternehmen weiterführen, um sich und ihre Kinder zu ernähren.

Es gelang ihr, nicht nur das Unternehmen zu erhalten, sondern sie konnte ihrem ältesten Sohn Wilhelm den inzwischen recht bedeutenden Grobeisenwaren- und Ofenhandel übergeben, während sie bis zu ihrem Tod 1894 den Kleineisenwaren- und Spezereienhandel weiterführte. Ihren größten geschäftlichen Erfolg konnte Friederike Louise 1892 durch die Verleihung des begehrten Titels eines »Königlichen Hoflieferanten« verbuchen.

Adolph Neubert aus Leipzig kaufte 1848 von Carl Friedrich Nast in Ludwigsburg dessen Sortimentsbuchhandlung und richtete sich sein eigenes Geschäft ein, die Ad. Neubert'sche Buchhandlung. Neubert starb überraschend 1856, einundvierzigjährig, und seine Witwe **Caroline Neubert** musste zur Sicherung ihrer Existenz das Geschäft weiterführen.

Ab 1858 hatte sie zu ih-

> Ludwigsburg.
> **Geschäfts-Anzeige.**
>
> Unterzeichnete macht hiemit die ergebenste Anzeige, daß das Geschäft durch den Tod ihres Mannes keinerlei Aenderung erleidet, und dasselbe durch einen tüchtigen Gehülfen unter ihrer Verantwortlichkeit fortgeführt wird. — Ich erlaube mir deßhalb meine
>
> **Sortiments-Buchhandlung**
>
> auf's Neue zu empfehlen und sichere die schnellste und prompteste Bedienung zu.
>
> Da durch die Krankheit meines sel. Mannes im Geschäftsgange einige Störung eingetreten ist, so bitte ich in dieser Beziehung um gütige Nachsicht, mit dem Bemerken, daß alle noch nicht erledigten Aufträge schnellstens effectuirt werden sollen.
>
> Caroline Neubert Wittwe.

rer Unterstützung Heinrich Ungeheuer, einen jungen Buchhändler, angestellt, zunächst als Gehilfen, später dann als Geschäftsführer. Ungeheuer erwarb 1864 die Buchhandlung. 1873 verkaufte er sie an Julius Aigner. Fünf Generationen später befindet sich die Buchhandlung Aigner heute in der Arsenalstraße. Über Caroline Neuberts Leben nach dem Verkauf ihrer Buchhandlung ist nichts bekannt.

Rebekka Elsas, am 25. September 1818 in Hochberg geboren, brachte 1844 in ihre Ehe mit Benedikt Elsas, dem Gründer der Textilfirma »Elsas & Söhne«, 2000 Gulden Mitgift ein. Da sich der Betrieb zusehends vergrößerte, verlegte Benedikt Elsas sein »Fabrikgeschäft in Baumwollenwaren« von Aldingen nach Ludwigsburg. Mit seiner Familie – aus der Ehe gingen acht Kinder hervor –, seinen Brüdern Moses und Louis und deren Familien wohnte er ab 1855 im Wohn- und Geschäftshaus in der Marstallstraße 4. Nach dem Tod Benedikts am 8. März 1876 trat Rebekka als Teilhaberin in die Firma ein. 1883/84 stellte sie der israelitischen Gemeinde einen Raum für die Einrichtung eines provisorischen Betsaales zur Verfügung. Sie starb am 28. November 1908 in Ludwigsburg und wurde auf dem alten israelitischen Friedhof beigesetzt.

Tony Schumacher

Kinder- und Jugendbuchautorin, ein Leben lang Kind des 19. Jahrhunderts

Am 17. Mai 1848 als jüngste Tochter des Oberst Fidel von Baur-Breitenfeld und Lina von Kerner im Palais Grävenitz in Ludwigsburg geboren und dreiundachtzigjährig 1931 in Ludwigsburg gestorben, blieb Tony Schumacher bis ins hohe Alter hochverehrt. Bis in die 1950er Jahre war der Name der Kinder- und Jugendbuchautorin noch vielen Lesern ein Begriff. Zuletzt hat sie ihre eigene Zeit überlebt und schien wie ein Relikt aus einer vergangenen Welt. Trotz einschneidender gesellschaftlicher und politischer Veränderungen hielt Tony Schumacher an den überkommenen Werten ihrer Gesellschaftsschicht fest. In 36 Jugendbüchern, zahlreichen Erzählungen und autobiographischen Notizen hat sie den Zauber ihrer *selten schönen Kindheit* heraufbeschworen und so das Leben im längst vergangenen Ludwigsburg für die Nachwelt lebendig erhalten.

Mit 27 Jahren heiratete sie den 18 Jahre älteren Geheimen Hofrat Karl-Friedrich Schumacher und zog nach Stuttgart. Die Ehe war glücklich, blieb aber zum Kummer der beiden kinderlos. Tony Schumachers große Kinderliebe fand ein Ventil in ihrer schriftstellerischen Arbeit. In ihren Jugendbüchern zeigte die Erzählerin Land und Leute, Lebensverhältnisse und Orte des Alltags aus dem gleichen Blickwinkel, aus dem sie ihre Welt betrachtete. Der Umgang mit Kindern war ihr das Liebste und aus dieser Liebe heraus sammelte sie Puppen aus aller Herren Länder und Weihnachtskrippen. Nach dem Tod ihres Mannes 1915 musste sich Tony Schumacher in ihrer Wohnung stark einschränken und übergab den größten Teil ihrer Puppensammlung dem Landesmuseum Stuttgart, der bei einem Brand 1931 bis auf wenige Stücke zerstört wurde. Über hundert ihrer schönsten Puppen hatte sie jedoch behalten. Sie befinden sich heute im Städtischen Museum in Ludwigsburg.

1923 kehrte sie nach Ludwigsburg zurück und fand in der »Wernerschen Kinderheilanstalt« eine Wohnung. Auf einem Gang in die Stadt ist Tony Schumacher am 10. Juli 1931 gestorben.

Mathilde Planck

Vorkämpferin für sozialen Fortschritt und couragierte
Wegbereiterin der Frauen- und Friedensbewegung

> *»In meinem Leben ist alles spät gekommen und doch
> nicht zu spät: Die Erkenntnis der eigenen Art, die
> Möglichkeit des Wirkens, die wichtigste Aufgabe. Habe
> ich nicht deshalb so alt werden müssen, um das nach-
> zuholen, was andere in jüngeren Jahren geleistet ha-
> ben? Wenn nun auch der Tod spät kommt, so darf ich
> die Zuversicht haben, daß er nicht zu spät kommen
> wird, sondern in dem Augenblick, wo es mit der geisti-
> gen Kraft zu Ende ist.«*

Diese einfachen Worte aus den handschriftlichen »Lebenserinnerungen« – von Mathilde Planck gegen Ende ihres Le-

Mathilde Planck
Ölgemälde von Adelheid Scholl, um 1896
Das Original hängt in der Mathilde-Planck-Schule, Ludwigsburg

bens in Ludwigsburg verfasst – charakterisieren ihre Persönlichkeit und ihren Glauben an eine Mitverantwortung im öffentlichen und politischen Leben. Ludwigsburg hat ihr viel zu verdanken: Sie war 1921 Mitbegründerin der Bausparkasse GdF Wüstenrot und 1930 realisierte sie eines der ersten Altenheime in der Stadt.

Mathildes Pflichtbewusstsein machte sie zur Spätberufenen. Durch den frühen Tod des Vaters konnte sie ihren »großen geistigen Hunger« nicht auf die Art und Weise stillen, wie sie es sich vorgestellt und erträumt hatte.

Doch woher kam ihr »großer geistiger Hunger«? Woher dieser Wissensdurst und die Anlage zur Pflichterfüllung bis zur Selbstverleugnung? Das Elternhaus und die dortige Wertevermittlung hatten sicher großen Anteil, der Rest mögen Erbgut und die Prägung als Frau zu Ende des 19. Jahrhunderts sein. Louise Dittmar, scharfsinnige Frauenrechtlerin, Schriftstellerin und Philosophin der deutschen Märzrevolution des Jahres 1848, kannte die Frauenrealität:

»Das ganze Leben steht der Frau feindlich gegenüber, und es erfordert nicht nur moralischen Mut, es gehört Begeisterung für eine uns belebende Idee dazu, um allen Hemmnissen entgegen zu treten.«

Mathilde bewies trotz ihrer anfänglichen Schüchternheit Tatkraft und Mut und wurde zum Vorbild und zur Identifikationsfigur für Generationen von Frauen.

Ihre Lebensphilosophie umfasst nur wenige Worte: *»Wenn etwas nötig ist, muss es getan werden«.*

Sie kam als mittleres von sieben Kindern am 29. November 1861 in Ulm zur Welt. Ihr Vater Karl Christian Planck war Altphilologe und Philosoph. Planck setzte sich früh mit rechtlichen und sozialen Fragen der staatlichen Gemeinschaft auseinander. In seinen fortschrittlichen Gedanken spielte die Berufsarbeit eine zentrale Rolle.

Alle Kinder wurden zu einem großen Verantwortungsbewusstsein, verbunden mit hohem Arbeitsethos, erzogen. Jede Art von Selbstsucht war verpönt, arbeiten und helfen war eherner Familiengrundsatz. Da sich die Eltern in gleichem Maße für Völkerverständigung und Völkerfrieden einsetzten, lässt sich neben Mathildes Selbstlosigkeit und ihrem großen Verantwortungsbewusstsein auch ihr glühender Pazifismus, der ihr ganzes Leben prägte, erklären.

Als Kind und Jugendliche fühlte sich Mathilde, trotz der Geborgenheit in der Familie, meist sehr unglücklich. Sie war als Mädchen voller Hemmungen und beladen mit Minderwertigkeitskomplexen, die sich mit depressiven Stimmungen abwechselten. Immer wenn sie an diese Zeit zurückdachte, fiel der Satz: *»Ich weiß, was ein Kind, das sich nicht gradlinig entwickelt, innerlich zu leiden hat.«*

Träumte sie doch davon, nach Herzenslust lernen zu dürfen und sich dabei immer neues Wissen anzueignen! Mathilde war eben erst vierzehn Jahre alt geworden, als ihr schöner Traum zerbrach und sie sich ihrem Schicksal fügen musste, als unentgeltliche Hilfe dem elterlichen Haushalt zur Seite zu stehen, wie es damals für Mädchen üblich war. Als 1880 der Vater starb und die Mutter mit den sieben Kindern nach Stuttgart zog, hatte Mathilde die Hauptlast des Haushalts zu tragen und musste mit den nunmehr beschränkten Verhältnissen zurechtkommen.

> *»Meine Schwestern waren nicht undankbar dafür, daß ich jahrelang die Last des Haushalts trug, zuerst gemeinsam mit der Mutter, dann allein, als diese schwer erkrankte. [...] Wie viel auf mir lag, haben sich die abwesenden Geschwister kaum klargemacht. Die Sehnsucht zu lernen war so groß, daß ich mich trotz der genannten Erschwerung entschloß, den mir möglichen Weg zu gehen. Ich war 23 Jahre alt als ich mich wieder auf die Schulbank setzte und war sehr glücklich darüber. Ich mußte in den anderthalb Jahren sehr fleißig sein. Die Hausarbeit ging noch nebenher. Um 9 Uhr abends fielen mir die Augen zu. Dafür stand ich um 5 Uhr auf. Solange es Winter war, saß ich in meinem Mantel da, und in den stillen Morgenstunden ließ sich manches fertig bringen.«*

1887 bestand Mathilde das Examen und unterrichtete 15 Jahre lang in Stuttgart an privaten Schulen und einem Mädchengymnasium. Da sie körperlich sehr zart war, zudem schüchtern und immer zu bescheiden, scheiterte sie letztendlich in ihrem Beruf. Nach einem Zustand völliger Erschöpfung nahm sie vierzigjährig ihren Abschied. *»Denn* *meine Schüchternheit hat mich auch den Kindern gegenüber stark gehindert«*, schrieb sie in ihren Erinnerungen.

Mathilde hätte sich selbst verleugnet, wenn sie deswegen resigniert hätte, im Gegenteil: Mit zäher Ausdauer und Entschlossenheit arbeitete sie an sich, überwand ihre Hemmungen und bekam endlich Anerkennung. Neben ihren zahllosen Publikationen und Vorträgen erwarb sie sich ein umfangreiches Wissen, das sie bis an ihr Lebensende einsetzen konnte. Sie arbeitete als Schriftstellerin in Korntal, ab 1919 in Beuren, später in Gerlingen und Ludwigsburg.

Schon gegen 1890 entschloss sich Mathilde, in der aufkommenden württembergischen Frauenbewegung mitzuarbeiten, gemäß ihrer Überzeugung:

> *»Sie sei dorthin durch eine höhere Fügung berufen worden. Ich war von Anfang an dabei, denn das was angestrebt wurde, entsprach ganz meinem eigenen Gefühl und Urteilvermögen.«*

So schrieb sie im »Stuttgarter Tagblatt« über »die Ideale der Frauenbewegung«.

Doch nicht immer und überall wurden die neuen Ideen so begeistert aufgenommen wie von ihr:

> *»Ich hatte immer den Eindruck, daß die schwäbischen Frauen bei aller Tüchtigkeit doch dem geistigen Fortschritt nur langsam zu gewinnen waren.«*

Die eigenen negativen Erfahrungen, dass Mädchen und Frauen so gut wie keine Bildungs- und Berufschancen hatten, waren für Mathilde Antriebskraft genug: Sie sah es als eine ihrer wichtigsten Aufgaben, eine völlige Freistellung der Berufswahl für Frauen zu erreichen. Nach wie vor wurden Frauen das Recht auf individuelle Freiheit, Selbstständigkeit und Selbsttätigkeit verweigert, Herabwürdigung und Diskriminierung des weiblichen Geschlechts waren gang und gäbe und Vorurteile gegen weibliche außerhäusliche Berufsarbeit an der Tagesordnung. Angesehene Professoren konnten solchen Unsinn wie *»geistige Arbeit sei für Frauen überhaupt schädlich, ja von vornherein nach den biologischen Gesetzen ausgeschlossen«* verbreiten, ohne dass ein Aufschrei durch das Land ging.

Mathilde analysierte folgerichtig die Situation der Frauen und fragte: *»Wo finden wir eine vorurteilslose, einfach* *menschliche Schätzung des weiblichen Geschlechts, ohne Illusion und Idealisierung, aber auch ohne Mißachtung?«* und klagte 1901 in der Wochenzeitschrift »Frauenberuf«: *»Auch durch die geschriebenen Gesetze wird das Rechtsgefühl der Frauen verletzt. Humanität und Moral machen immer wieder vor ihnen halt.«*

Schon in ihrer Zeit als Lehrerin engagierte sie sich als Vorsitzende des Württembergischen Lehrerinnenvereins und des Vereins für das Höhere Mädchenschulwesen und setzte sich für die berufliche Gleichstellung der Lehrerinnen mit den männlichen Kollegen und gegen das Zölibatsedikt für Lehrerinnen ein – bis 1929 mussten Lehrerinnen nach ihrer Heirat den Schuldienst verlassen.

Klara Hähnle, ihre Nachfolgerin im Lehrerinnenverein schrieb über Mathildes damalige Kämpfe und Siege:

> *»Wenn im Jahre 1899 ein Kreis von Frauen ein Gymnasium für Mädchen eröffnete, wenn 1900 die Volksschullehrerinnen die Rechte eines beamteten Lehrers erhielten, wenn nach 1902 die Zulassung der Mädchen zur Universität erreicht wurde, wenn die höhere Mädchenschule durch eine Reform von 1908 auf eine neue Grundlage gestellt wurde, so haben an diesen Reformen die von Frauen geleisteten Vor- und Aufklärungsarbeiten einen großen Anteil. Bei all diesen Aktionen stand Mathilde Planck im vordersten Glied.«*

Mathilde spielte neben Clara Zetkin, Helene Lange und Anna Blos in der Frauenbewegung als Aktivistin und »Motor ohne Berührungsängste« eine bedeutende Rolle.

Ihr Kampf für Frauenrechte war lang und hörte nie auf, waren es doch immer wieder die gleichen Themen: gegen Entmündigung und Entrechtung von Frauen, gegen soziale Ungerechtigkeit. Mit anderen Aktivistinnen stritt sie für die Zulassung von Frauen an die Universitäten. Erst im Mai 1904 genehmigte König Wilhelm II. von Württemberg, *»daß in Zukunft reichsangehörige weibliche Personen in Tübingen immatrikuliert werden dürfen.«*

Mathilde war Antriebskraft für viele Vereine und Institutionen: 1903 als Vorsitzende der Stuttgarter Abteilung »Frauenbildung Frauenstudium«. 1908 wurde sie Gründungsmitglied des Schwäbischen Frauenvereins und 1914 des Nationalen Frauendienstes. Daneben war sie im Stuttgarter Frauenclub und im Verband der Württembergischen Frauenvereine tätig. 1919 beteiligte sie sich als eine der Gründerinnen der Frauenabteilung der Stuttgarter Volkshochschule an der Aufstellung der Arbeitsprogramme. Konsequent verfolgte Mathilde ihre Ziele und widmete sich mit Leib und Seele ihren Ideen. Sie hielt Vorträge und war schriftstellerisch und journalistisch tätig. Immer wieder musste sie sich gegen ein verbreitetes Missverständnis wehren, *»daß sich die Frauenbewegung in einer feindseligen Polemik gegen die Sturheit der Männer erschöpft hätte«.*

Als nächsten Schritt zog es Mathilde in die Politik: 1918 als Gründungsmitglied der Deutschen Demokratischen Partei (DDP) in Württemberg und auf Reichsebene. Nachdem Frauen 1919 das Wahlrecht erhielten, kandidierte sie für den Württembergischen Landtag als Vertreterin der DDP und konnte ihren ersten politischen Erfolg verbuchen. Als eine von fünf Frauen unter 45 männlichen Kollegen wurde Mathilde in den württembergischen Landtag gewählt und gehörte ihm von 1919 bis 1928 an.

Nach ihrem Abgang aus der Politikszene zog sie, im Ganzen gesehen, eine wenig erfreuliche Bilanz:

> *»Eine große Anzahl von Abgeordneten stand im Sold von Wirtschaftsgruppen, trieb also einseitige Interessenpolitik, doch nur verschleiert. Die Fragwürdigkeit des damaligen Parteiwesens, in dem der Aufrechte, Redliche immer seltener geworden sei, war mir damals klar geworden.«*

Noch während ihres Landtagsmandats hatte sie ein weiteres wichtiges Ziel ins Auge gefasst und betrieb zusammen mit Georg Kropp, als leitendem Kopf, die Planung und Durchsetzung der Idee des Bausparens.

Damals hatten Arbeiter weder die Möglichkeit, einen Bankkredit aufzunehmen, noch Vermögen zu bilden. Bausparkassen sollten daher eine wichtige sozialpolitische Funktion beim Immobilienerwerb erfüllen.

Den Anfang bildete der 1921 von Kropp gegründete Verein »Gemeinschaft der Freunde« – Mathilde gehörte zum Kern der Gründungsmitglieder. Auf dem Briefkopf des Vereins stand zu lesen: *»Werke nicht Worte – Taten nicht Tin-*

te«. Die Wirren der Inflation hielten die Idee noch auf, erst 1924 war ein Weitermachen möglich. Kropp sammelte in dem abgelegenen Dorf Wüstenrot bei Heilbronn begeisterungsfähige Mitstreiter und Mitstreiterinnen, die sich dieser einzigartigen wohnungswirtschaftlichen und sozialpolitischen Pionieraufgabe mit Feuereifer widmeten. Daraus entstand die erste deutsche Bausparkasse GdF Wüstenrot in Ludwigsburg. Was machte die Ludwigsburger Bausparkasse so sozial? Die Antwort war klar definiert: Weder die Gesellschafter noch die Aufsichtsratsmitglieder hatten einen Anspruch auf Gewinnanteile, der Gewinn fiel an die Rücklagen der Bausparkasse. Mathilde war bei der GdF Wüstenrot Vorstandsmitglied, Vorsitzende des Vorstands, Mitglied des Aufsichtsrats und Gesellschafterin.

Sie wusste um die Probleme alter, vereinsamter Menschen und setzte den Bau eines der ersten Altenheime in Ludwigsburg durch. Bauträger war der von ihr gegründete deutsche Altersheimverein, dessen Vorsitzende sie war. Das Heim, am Anfang der Erlachhofstraße im Grünen gelegen und nach modernen Gesichtspunkten konzipiert, wurde 1930 eingeweiht und ihr zu Ehren »Mathilde-Planck-Haus« genannt. Mathilde übersiedelte von Stuttgart nach Lud-

Mathilde-Planck-Haus
Ansichtskarte um 1950

wigsburg und übernahm trotz großer Arbeitsbelastung die Leitung des Heims, in dem sie auch wohnte.

Am 26. Mai 1933 war in der Ludwigsburger Zeitung folgende Anfrage zu lesen:

Offene Anfrage

an

Frl. Planck

Leiterin des Mathilde-Planckhauses!

1. Ist es richtig, daß Sie diejenigen Insassen des Hauses, die sich schon seit Jahren zur nationalsozialistischen Bewegung bekannt haben, besonders gedrückt haben?
2. Ist es richtig, daß Sie den Führer des neuen Deutschlands seit langem im Heim bekämpfen?
3. Ist es richtig, daß Sie erst kürzlich noch einzelnen Bewohnern Ihres Heimes verboten haben, Bilder des Führers Adolf Hitler in ihren Zimmern aufzuhängen?
4. Warum haben Sie am 1. Mai 1933 die Frage der Beflaggung Ihres Heimes so lange verzögert, bis eine Regelung im Sinne der nationalen Revolution nicht mehr möglich war?

Wir sind nicht gewillt, den bisherigen Zustand länger zu dulden. Die Interessen der Stadtgemeinde Ludwigsburg verlangen eine Führung des Heimes im Sinne der nationalen Regierung.

N.S.D.A.P., Ortsgruppe Ludwigsburg.
NS.-Fraktion.

Mathildes Antwort am nächsten Tag war politisch neutral und ausweichend.

Viel Phantasie gehört nicht dazu, um sich ihre große Enttäuschung und hilflose Wut vorzustellen, als die GdF 1936 während ihrer Abwesenheit ihr Haus an die Reichswehrverwaltung verkaufte. Kommentar der GdF:

> *»Fräulein Planck ist als Ehrenvorsitzende und Mitglied der Gesellschaft ausgeschieden, da sie wegen des Verkaufs des überschuldeten Mathilde-Planck-Hauses verbittert sei.«*

Die Nationalsozialisten schlossen das Heim und nutzten das Haus als militärisches Verwaltungsgebäude.

Mathilde zog nach Stuttgart auf die Gerlinger Höhe. Sie widmete sich nun ganz der Herausgabe des philosophischen Werkes ihres Vater und seiner Biographie. Später schrieb sie über diese Zeit:

> *»Ich habe Hitler immer abgelehnt – der Nationalsozialismus war der Gipfel des Wahnsinns, ein Rückfall in die Barbarei – war aber nicht in der Lage, irgend etwas gegen ihn zu tun. Ich bin so gründlich in die Stummheit gestoßen worden, die Stuttgarter Zeitungen druckten keine Silbe mehr von mir, auch meine Reisebeschreibungen wurden zurückgewiesen. Die nationalsozialistische Partei löste den deutschen Altersheimverein auf, der mein Altersheim in Ludwigsburg verwaltete, und verkaufte das Haus. [...]*
> *Diese Dinge gehören zu der großen und ungesühnten Schuld, die auf uns liegt. Sie ist deshalb ungesühnt, weil wir sie uns und anderen nicht eingestehen und sie einfach vergessen wollen.«*

Nach dem Krieg wurde das Mathilde-Planck-Haus als Kinderkrankenhaus genutzt.

Mathilde war jetzt 84 und gönnte sich immer noch keine Ruhe: Sie hielt unermüdlich Vorträge zu aktuellen Fragen der Frauen-, Bildungs- und Sozialpolitik, verfasste weiterhin Artikel und schrieb an ihren Lebenserinnerungen. In ihrem letzten Lebensabschnitt zog Mathilde 1950 noch einmal nach Ludwigsburg, in das Gerokheim, hauptsächlich um der drohenden Vereinsamung und einer schwierigen Nachbarschaft zu entgehen. Zu ihrem 90. Geburtstag erhielt sie als erste Frau von Bundespräsident Theodor Heuss das Bundesverdienstkreuz. Heuss schrieb:

> *»In freundschaftlicher Verbundenheit gedenke ich heute [...] der treuen vaterländischen und menschheitlichen Arbeit, der Sie als Tochter und geistige Erbin eines großen Vaters ein Leben in Hingabe gewidmet haben.«*

Wurde man ihrem Lebenswerk wirklich gerecht, wenn man sie nur als geistige Erbin eines großen Vaters würdigte? In Ludwigsburg formulierte man es anders: Die Stadt ließ an ihrem 90. Geburtstag eine Tafel am Eingang des Mathilde-Planck-Hauses mit der Inschrift anbringen:

> »Mathilde Planck, der Vorkämpferin für sozialen Fortschritt«.

Wie geistig rege und einsatzbereit sie bis zuletzt war, zeigte sie 1953 als Bundestagskandidatin für die Gesamtdeutsche Volkspartei im Wahlkreis Ludwigsburg. War sie doch mit 91 Jahren bundesweit die älteste Kandidatin! Am 31. Juli 1955 starb Mathilde während eines Besuchs im Haus ihres Neffen in Gochsen bei Heilbronn.

Stadt und Kreis Ludwigsburg ehrten sie drei Jahre später mit einer Bronzebüste. Die Plastik Mathildes wurde von ihrer Freundin, der Bildhauerin Elisabeth Stockmayer, gestaltet, die darüber schrieb:

> »*Ich konnte dieses Werk schaffen, weil ich die Gewißheit in mir trug, daß sich ihre Züge unauslöschlich in mir eingeprägt haben [...] aber nun bewegte mich die Frage noch – war das Wirken Mathilde Plancks und ihr Leben nicht doch zu wenig bekannt?*«

Elisabeth Stockmayer sollte nicht Recht behalten: 1992 wurde in Ludwigsburg auf dem Römerhügel die Hauswirtschaftlich-pflegerisch-sozialpädagogische und Landwirtschaftliche Schule nach ihr benannt.

Es gibt zahllose Veröffentlichungen zu Mathilde Plancks Leben und Wirken. Ihr Name wird mit Weiterbildungs-, Qualifizierungs-, Frauenforschungs-, Wissenschafts- und Promotionsprogrammen verbunden. Schulen, Stipendien und Frauennetzwerke tragen ihren Namen. Es gibt eine Mathilde-Planck-Stiftung, daneben werden Gleichstellungsbeauftragte und Professorinnen durch Mathilde-Planck-Förderpläne beraten und unterstützt. Auch außerhalb Baden-Württembergs hat sie prägende Spuren hinterlassen und gilt als Vorbild für Bildung, Soziales und Mitverantwortung im öffentlichen und politischen Leben.

Ihre Büste steht heute im Lichthof der Mathilde-Planck-Schule auf dem Römerhügel. Die Kinderklinik wich 2004 einem Neubau des Klinikums.

Eine Mathilde-Planck-Straße sucht man in Ludwigsburg bis heute vergebens; die hinter dem Klinikum gelegene Planckstraße ist – ohne Angabe des Vornamens – 1930 nach ihrem Vater, dem Philosophen, benannt worden.

Fürstin Pauline zu Wied

Prinzessin von Württemberg, Tochter des letzten Königs –
's Königs Päule und ihre vielen Rollen

> *»Jeden Tag meines Lebens legte ich Rechenschaft ab, ob die Zeit so genutzt war, wie ich es wert fand, dafür gelebt zu haben. Wie oft die Zensur mangelhaft oder ungenügend war oder gar unwertig, war nie zu zählen. Eiserne Selbstkritik ist wohl der einzig mögliche Weg, zu einem anständigen Charakter zu kommen [...]«*

Dies schrieb Fürstin Pauline zu Wied 1953 in ihren Erinnerungen »Vom Leben gelernt«. Sie ging »standhaft, furchtlos und treu«, wie es bei ihrer Konfirmation in der Garnisonkirche in Ludwigsburg gepredigt wurde und nach der Devise ihres Hauses Württemberg, durchs Leben, auch als sich die Rahmenbedingungen stark änderten.

Durch ihre kräftige Statur wirkte Pauline wie ein Fels in der Brandung, und das war sie auch. Viele suchten bei ihr Halt und bekamen ihn. Sie war kompromisslos und handel-

Fürstin Pauline zu Wied um 1910

te nach ihren eigenen Prinzipien von »*Treue*« und »*anständiger Gesinnung*«. Paulines »anständige Gesinnung« ermöglichte es der vormaligen NS-Reichsfrauenführerin Gertrud Scholtz-Klink 1945 samt ihrer großen Familie im Jagdschloss in Bebenhausen unterzutauchen. 1948 wurde die Fürstin deswegen in Ludwigsburg verhaftet und zwei Tage in das dortige Internierungskrankenhaus eingeliefert, dann gegen eine Kaution und ihr Ehrenwort entlassen. Ein Militärgericht verurteilte sie anschließend zu einer hohen Geldstrafe, da sie durch Unterlassung einer Anzcige »Personen geholfen habe, die von den alliierten Streitkräften gesucht wurden«.

Als sie 1965 im Alter von 87 Jahren starb, sprach Kurt Georg Kiesinger, der damalige Ministerpräsident von Baden-Württemberg, von herzlicher, respektvoller Zuneigung, und Landtagspräsident Franz Gurk erinnerte an ihr volksnahes Denken und ihr soziales Engagement. Wahrscheinlich beruhte Paulines große Popularität auf einem Spannungsverhältnis: zwischen einem klaren Standesbewusstsein einer Angehörigen des Hochadels und dem Fehlen von Berührungsängsten. Sie wurde zeitlebens und auch später von der Öffentlichkeit nicht vergessen, für die Ludwigsburger war sie »unser Päule«. Sie war höchst originell, sehr individuell und bewies unerschöpflichen Ideenreichtum und Mut.

Das »Ludwigsburger Tagblatt« berichtete am 21. Dezember 1877 unter der Rubrik »Neueste Nachrichten«:

> »*Stuttgart, 20. Dezember. Gestern Nachmittag 2 Uhr ist Ihre Königliche Hoheit Prinzessin Wilhelm* [sic] *von Württemberg von einer Prinzessin glücklich entbunden worden. Die hohe Wöchnerin sowie die neugeborene Prinzessin befinden sich wohl.*«

Die »Schwäbische Kronik« schreibt am gleichen Tag: »*Das glückliche Ereigniß wird in Stadt und Land mit freudigster Theilnahme begrüßt werden.*«

Pauline, Prinzessin von Württemberg war das einzige überlebende Kind des letzten württembergischen Königs Wilhelm II. (1848-1921) und der Prinzessin Marie zu Waldeck und Pyrmont. 1880 starb ihr Bruder Ulrich, erst sechs Monate alt, und 1882 ihre Mutter nach einer Totgeburt.

Ihre Kindheit und Jugend spielten sich zwischen Stuttgart und Ludwigsburg ab.

Pauline schreibt darüber in ihren Erinnerungen:
»Das Elternhaus ist dazu berufen, dem Kinde die Richtung zu geben. Ein Kind der Liebe wird niemals ein mürrisches Kind sein und bekommt in der Wiege das kostbare Geschenk eines sonnigen Wesens mit sich. So ausgerüstet durfte ich in die Welt treten. Wir bewohnten die nach meiner Mutter benannte Marienwahl, die mein Vater kaufte, als er die Brigade in Ludwigsburg bekam. Dort verbinden sich für mich die glücklichsten Erinnerungen der Kindheit, welche zum Magneten des Alters wurden [...]

Meine Mutter verlor ich, als ich 3 1/2 Jahre alt [eigentlich: 4 1/2 Jahre alt] *war; da meine Geschwister vorher verstarben, blieb ich mit meinem Vater allein. Naturgemäß entwickelte sich zwischen meinem Vater und mir ein inniges Band, eine Art Schicksalsgemeinschaft [...]«*

1886 wurde die eng aufeinander eingespielte Schicksalsgemeinschaft kurz erschüttert: Paulines Vater heiratete Prinzessin Charlotte von Schaumburg-Lippe in Bückeburg. Doch auch nach seiner zweiten Eheschließung kümmerte sich Wilhelm intensiv um seine Tochter. Er verwöhnte sie sehr, doch gleichzeitig belastete er das Kind durch seine Ängstlichkeit.

Nachdem Wilhelm 1891 Nachfolger König Karls auf dem württembergischen Thron wurde, mussten »*dem Dekor größere Opfer gebracht werden*«. So standen zwar für die kleine Prinzessin eine Kinderfrau, zwei Lakaien, eine Erzieherin und eine Privatlehrerin zur Verfügung, doch die Eltern strebten eher ein bürgerlich geprägtes Privatleben mit persönlicher Nähe zu der Tochter an. Dies ließ sich am besten im Ludwigsburger Sommersitz verwirklichen.

Pauline entwickelte schon als Vierjährige eine Passion für Pferde und fand als Kind natürlich und unverkrampft einen eigenen Weg zwischen Neigung und Pflicht: Sie ritt oder kutschierte stundenlang, gleichzeitig nahm sie ihre Aufgaben in dem eng reglementierten Hofleben ernst, machte artig Konversation mit Gästen und war bei unterschiedlichsten Zeremonien dabei. Zu ihrer Begegnung mit Kaiser Wilhelm I. auf dem Paradefeld am Römerhügel bei Ludwigsburg 1885 äußerte sie:

> *»Das 13. Armee-Korps defilierte bei sengender Septembersonne und abends durfte ich als siebenjähriges Kind dem Kaiser ein Blumensträußchen überreichen – das war eben Dienst«.*

Eine wichtige Bezugsperson war ihre Großmutter väterlicherseits, Prinzessin Katharina von Württemberg, die ihr äußerlich und im Temperament ähnelte. *»Großmutter war ein Charakter – fast ein Original, gradlinig scheute sie nie vor einer Meinungsäußerung zurück.«*

Pauline wuchs *»durch Privatunterricht gefördert und durch ständigen Umgang mit Erwachsenen«* heran und bald stand den Ludwigsburgern mit der Konfirmation der Prinzessin am 7. Mai 1893 in der Garnisonkirche am Marktplatz nicht nur ein großes Ereignis ins Haus, es gab auch vielfache Gründe, sich zu freuen: Oberbürgermeister Heinrich von Abel rief die ganze Einwohnerschaft zur »Beflaggung« auf, die Ladenbesitzer dekorierten aus diesem freudigen Anlass ihre Schaufenster, die städtischen Honoratioren erhielten eine Einladung für die Kirche und die Bedürftigen bekamen eine königliche Spende, worüber das »Ludwigsburger Tagblatt« vom 5. Mai 1893 informierte:

> *»Seine Majestät der König haben aus Anlaß der hier stattfindenden Konfirmation Ihrer Königl. Hoheit der Prinzessin Pauline zur Verteilung unter die Armen der Stadt die Summe von dreitausend Mark allergnädigst zu verwilligen geruht. Nach den Intentionen seiner Königlichen Majestät soll durch diese Verwilligung der für Höchstdieselben so wichtige Tag auch zu einem Freudentag für manche Bedürftige an dem Orte der bevorstehenden Konfirmation, insbesondere für bedürftige Eltern von heurigen Konfirmanden werden. Oberbürgermeister Abel.«*

In der Sonntagsausgabe des »Ludwigsburger Tagblatts« vom 7. Mai fand sich, eingerahmt von Blumengirlanden, ein Huldigungsgedicht:

> *Zur Feier der Konfirmation Ihrer Königlichen Hoheit*
> *der Prinzessin Pauline von Württemberg*
>
> *[...]*
> *Sie ging in ihren zarten Jahren*
> *Durch mancher Prüfung Enge schon;*
> *Doch hat sie immer schon erfahren:*
> *Die Hilfe kommt von deinem Thron.*
> *Du bist und bleibst in unserer Mitte,*
> *Du leitest heut und allezeit*
> *Auf ebenen Bahnen ihre Schritte*
> *Bis zu der selgen Ewigkeit.*
>
> *Laß sich in deinem Gnadenbunde*
> *Die Tochter unseres Königs freu'n,*
> *Laß sie gedenken dieser Stunde,*
> *Daß ihr die Bäume Blüten streu'n!*
> *Behüte ihrer Jugend Blüte,*
> *Und in der irdschen Jahre Flucht*
> *Laß reifen ihr nach deiner Güte*
> *Des ewgen Lebens goldne Frucht!*

War die Konfirmation »ihres Päule« schon ein Ereignis, das noch lange für Gesprächsstoff in Ludwigsburg sorgte, so sollte fünf Jahre später noch ganz anders gefeiert werden! Der Aufwand dafür war gigantisch und alle europäischen Fürstenhäuser waren benachrichtigt worden: Paulines Hochzeit mit dem Erbprinzen Friedrich zu Wied am 29. Oktober 1898. Zum Abschied von Ludwigsburg zeigten die Bürger dem königlichen Vater und seiner Tochter mit einem großen Fackelzug ihre Sympathie. Die ansässigen »Huldigungspoeten« fühlten sich zu Reimen unterschiedlichster Art berufen und wetteiferten um das gelungenste Gedicht. Das folgende wurde im »Ludwigsburger Tagblatt« vom 29. Oktober veröffentlicht:

> *Onserer Prinzeß Pauline zur Hochzich*
> *D´Glocka läutet, Böller krachet,*
> *Aelles schlupft ins Sonntichgwand;*
> *Hellauf! ´s isch a Fescht am Hemmel,*
> *Hochzich geit´s im Schwobaland!*

Hochzichvatter isch der Könich!
Landsleut uff, do dheant mir mit,
D´ganz Verwandtschaft – uf guet schwäbisch –
Bis zur siebta Suppaschnitt!

Onsers Könichs goldichs Päule,
Geit des net a rare Frau?
Gucket wia ihr Frieder schmonzelt,
Der denkt g´wiß: sell moin i au!
[...]

Heula mecht mer, wenn mer dran denkt,
Daß des Mädle von es goht;
Isch doch´s Päule onser Aelles,
Onser Freud ond Sonnaschei!
[...]

Natürlich fiel den Ludwigsburgern der Abschied von »ihrem Päule« schwer. Ein kleines Trostpflaster sollte ein Dankesbrief des Königs vom 21. Oktober an die Bürger sein. Stadtschultheiß Gustav Hartenstein ließ ihn im »Ludwigsburger Tagblatt« vom 24. Oktober veröffentlichen:

»Mein lieber Stadtschultheiß Dr. Hartenstein! Die Bürgerschaft der Stadt Ludwigsburg hat durch den prächtigen Fackelzug, den sie gestern Abend Meiner Tochter Prinzessin Pauline vor deren Scheiden aus der Heimat dargebracht hat, Mir und Meiner Gemahlin der Königin, sowie Meiner Tochter eine große Freude bereitet. Die aufrichtigen Huldigungen [...] haben meinem Herzen wohlgethan. Es ist mir daher Bedürfnis, insbesondere auch im Namen der Prinzessin [...] herzlichen Dank zu sagen [...] Meiner wohlgeneigten Gesinnungen Ihr gnädiger König Wilhelm.«

Vorerst erforderte die Militärkarriere des Erbprinzen Friedrich für das frisch vermählte Paar einen Umzug in die preußische Garnisonsstadt Potsdam. Dieser bedeutete für die einundzwanzigjährige Prinzessin einen weiteren Rollenwechsel. Das gesellschaftliche Leben dort, von Zwängen und Einladungen der Offiziersfamilien untereinander diktiert, behagte ihr nicht. Sie war nicht gewohnt, einer Damenschar zugeordnet zu werden, während die Herren die interessanteren Gespräche im Rauchsalon führten. In die Potsdamer Zeit fiel auch die Geburt ihrer beiden Söhne.

Der Umzug nach Berlin 1902 – ihr Vater hatte die Versetzung des Schwiegersohnes persönlich beim Kaiser erwirkt – war für Pauline eine Befreiung. Sie stürzte sich in das schillernde Großstadtleben der Jahrhundertwende, wobei ihr persönliches Jahreseinkommen den angenehmen finanziellen Hintergrund gewährte.

> *»So ging es vom Museum zur Handleserin, vom Theater zum Pferdehändler, vom Kaufhaus zum Lautenspieler, vom philosophischen Vortrag in den Gerichtssaal, von der Versteigerung in die caritative Sitzung, vom Besuch des Gefängnisses zu den Künsten, von Isodora Duncan zu Else Lasker-Schüler, endlich in die eigene Sprechstunde, zum Rennen, Hundekauf, Konzert usw.«*

In ihrer Berliner Zeit spielten sich amüsante Eskapaden ab, begünstigt durch den Kontrast zwischen operettenhaft prunkvollem Hofzeremoniell und ihrer eher derben Erscheinung. So erschien sie bei einem Kostümfest der amerikanischen Botschaft als Droschkenkutscher und wurde nicht erkannt.

Bei Kaiser Wilhelm II. vermisste sie die Volksnähe. *»Nur mit starker Polizeibewachung ist er ausgeritten, während mein Vater mit seinen Hunden zu Fuß durch Stuttgart spazierte und sogar selbst einkaufte.«* Weil sie auch soziale Missstände ansprach, wurde sie von den Erzkonservativen die »rote Fürstin« genannt – wirklich übertrieben, denn ihr soziales Engagement spielte sich nur auf der praktisch-organisatorischen Ebene ab, sie folgte keiner Ideologie.

Während ihrer Berliner Jahre verdiente sich Pauline erstmals eine Auszeichnung für ihre Rotkreuzarbeit als Vorsitzende des Vaterländischen Frauenvereins in Charlottenburg und als Mitglied des Hauptvorstandes. Aus diesem von Kaiserin Augusta gegründeten Frauenverein wurde nach dem Ersten Weltkrieg der weibliche Zweig des Roten Kreuzes. Pauline ging energisch ans Werk und deckte ohne falsche Rücksicht Missstände und Unregelmäßigkeiten auf.

1908 musste sie Abschied von Berlin nehmen, denn Ende Oktober starb ihr Schwiegervater Fürst Wilhelm Adolf

Maximilian Carl zu Wied und ihr Mann trat die Erbfolge an. Friedrich und Pauline übersiedelten in das Schloss Neuwied am Rhein. Die neuen Aufgaben waren für Pauline nicht leicht: Die Haustradition erforderte, dass sie auf Anhieb den Platz ihrer Schwiegermutter einnehmen musste. Es dauerte nicht lange bis sie die Rheinländer lieben lernte, danach erschien ihr alles *»leichter und froher«*.

Erst die Mobilmachung im August 1914 brachte die große Zäsur. Friedrich meldete sich freiwillig zum Kriegsdienst, auch ihr Sohn Hermann zog als blutjunger Leutnant ins Feld. Pauline richtete im Schloss ein Lazarett ein und koordinierte den Einsatz weiblicher Pflegekräfte in der gesamten Rheinprovinz.

Nach Ende des Ersten Weltkriegs war eine *»Umschulung auf das zivile Leben«* angesagt. Pauline bestand darauf, dass ihr Sohn Landwirtschaft in Hohenheim studierte, sie selbst hatte 1913 dort ebenfalls ein Semester studiert, um den Wied´schen Gutshof selbst bewirtschaften zu können.

Für sie brachen schwere Zeiten an: Die revolutionär-turbulenten Umstände beim Thronverzicht ihres Vaters kränkten sie sehr, auf Neuwied hatte sich amerikanische und französische Besatzung einquartiert und zu alledem verschlechterte sich ihre finanzielle Situation deutlich.

Beim Tod ihres Vaters 1921 erhielt sie als Erbe nur das Wilhelmspalais in Stuttgart, die Marienwahl in Ludwigsburg und das Gestüt Weil bei Esslingen, dessen Betrieb ihr hohe Kosten aufbürdete. Ein relativ bescheidenes Erbe für eine Königstochter! Die Erklärung ist einfach: Pauline erbte nur das Privateigentum ihres Vaters, nicht aber das württembergische Hausvermögen, das erhielt – entsprechend der männlichen Erbfolge – die katholische Linie der Württemberger in Altshausen. Das Krongut wurde »vom Staat einbehalten«, wie die Familie es nannte.

Angesichts der vielen Enttäuschungen war für Pauline ihr Einsatz beim Roten Kreuz ein wichtiges Lebenselixier. Sie wurde einstimmig als Vorsitzende der Rheinprovinz bestätigt und ging mit großem Selbstbewusstsein ans Werk. Bald wurde ihr auch das weibliche Rote Kreuz in Hessen-Nassau unterstellt.

In den späteren Jahren der Weimarer Republik wandte sich Pauline der NSDAP zu und trat 1933 in die Partei ein.

In ihrer Autobiographie machte sie keinen Hehl daraus, dass für sie einige Leitsätze der Nationalsozialisten »*allem leuchtend voranstanden*«. Sie war überzeugt, als Mitglied besser für die Erhaltung der Eigenständigkeit des Roten Kreuzes eintreten und eine vollständige Beherrschung der Wohlfahrtspflege durch die Nationalsozialistische Volkswohlfahrt verhindern zu können. In dieser Zeit entstand auch ihre Verbindung zu der Reichsfrauenführerin Gertrud Scholtz-Klink.

»*Wer einmal den Reichsparteitag mitgemacht hatte, der wusste, wo sein Platz in der Gemeinschaft war, und zwar da, wo er gewillt und befähigt war, sein Leben für Deutschland und das Deutsche Volk einzusetzen*«, hielt sie in ihren Lebenserinnerungen fest.

Nach dem Tode ihres Mannes hieß Paulines neue Adresse ab Oktober 1945: Heilbronner Straße 35 in Ludwigsburg. Sie wählte eines der beiden Kavaliershäuschen auf der Marienwahl als Witwendomizil aus – in unmittelbarer Nachbarschaft ihres Sohnes Dietrich, der mit seiner Familie in der Villa wohnte – und lebte dort unauffällig mit der ehemaligen Oberin des Krankenhauses Neuwied in einer Wohngemeinschaft.

Bei ihrer Entnazifizierung 1947 wurde sie zwar in der Klageschrift als Belastete angesehen, man räumte aber ein, dass sie immer nur die Not beheben wollte. Zusätzlich zum Fall Gertrud Scholtz-Klink und seinen Folgen wurde Pauline als Mitläuferin eingestuft und zu einem einmaligen Sühnebeitrag von 2000 Reichsmark verurteilt, wobei das Gericht auf Paulines Titel »Generalhauptführerin« und ihre monatliche Spende von zehn Reichsmark an die Waffen-SS verwies.

Pferde waren schon immer ein wichtiger Bestandteil von Paulines Leben. Im Alter wurden sie ihr immer mehr zum Lebensinhalt. Sie schrieb in ihren Erinnerungen:

> *»Wer dem Pferde verschrieben ist, wird nie davon lassen können, vor allen Dingen nicht von der Zucht des edlen Pferdes mit Leistungsprüfung, und bereit sein, jedes Opfer dafür zu bringen.«*

1932 musste ein Teil ihrer Pferde vom ererbten Gestüt Weil nach Ludwigsburg umziehen. Es war ihr zwar unter Opfern gelungen, das Gestüt über die Inflation zu retten und auf hohem Niveau weiterzuführen, doch jetzt musste sie Weil aus finanziellen Gründen aufgeben. Ersatz fand sich auf der Marienwahl, wo ein großes Stallgebäude vorhanden war und sich das über zehn Hektar große Gelände gut als Koppel nutzen ließ.

Ihre Araberherde schenkte Pauline dem staatlichen Gestüt Marbach und rettete so ihre Araberzucht für die Zukunft. Die Leistungen der Fürstin als Züchterin sind nicht aus der Geschichte der württembergischen Pferdezucht wegzudenken, die Pferdefreunde sind ihr zu großem Dank verpflichtet.

Noch heute gibt es alte Ludwigsburger, die gerne Geschichten über »unser Päule« erzählen. Eine der bekanntesten ist die, dass die Fürstin auch in hohem Alter ihren Einspänner auf den Marktplatz kutschierte, um auf dem Wochenmarkt einzukaufen. Eine andere erzählt, wie Pauline 1955 im Ratskellersaal in Ludwigsburg unter anderem einige ihrer Hochzeitsgeschenke von 1898 versteigert hat, um ihre Pferdezucht in der Marienwahl zu erhalten.

In der »Ludwigsburger Kreiszeitung« vom 19. Dezember 1962 wird ihr voller Achtung herzlich zum 85. Geburtstag gratuliert:

> *»Die Fürstin lebt heute in der ihr eigenen Bedürfnislosigkeit zurückgezogen im einstigen Gartenhäuschen auf der Marienwahl. Geistig ungemein rege, hat sie neben ihren Erinnerungen, dem ebenso humorvollen wie aufschlußreichen Werk ›Vom Leben gelernt‹, noch weitere Publikationen herausgebracht, die auch für die Familiengeschichte des Königshauses überaus wertvoll sind. Ihre menschliche Güte, ihr vornehmes, uneigennütziges Denken und nicht zuletzt ihre persönliche Würde sichern der Fürstin aus Anlaß ihres Geburtstages viele freundliche Gedanken des württembergischen Volkes.«*

Am 7. Mai 1965 starb Fürstin Pauline zu Wied. Ihr Grabkreuz ragt einsam aus der Wiese der Marienwahl, der ehemaligen Weide ihrer Pferde. Schon ein Jahr nach ihrem Tod gab es keine Pferde mehr auf der Marienwahl.

Elisabeth Kranz

Lehrerin und Schulleiterin – eine Frau mit Zivilcourage

Elisabeth Kranz, 1887 in Nordhausen im Harz geboren, war Schülerin in einer von Helene Langes berühmten Gymnasialklassen in Berlin. Sie studierte Anglistik und Geschichte und promovierte in Philosophie. Ab 1912 unterrichtete sie in Ludwigsburg an der Höheren Mädchenschule – später Mädchenrealschule und ab 1953 Goethe-Gymnasium für Mädchen genannt – als Lehrerin und ab 1928 als Schulleiterin. Elisabeth Kranz war die erste akademisch gebildete Schulleiterin in Württemberg. Im Nationalsozialismus musste sie 1937 wegen ihrer kompromisslosen Haltung die Schule verlassen – ihre liberale Einstellung, ihre Zuwendung, Freundschaft und Hilfe für jüdische Kollegen und Freunde machten sie zu einer Gefahr für die »Erziehung zum neuen Menschen«. Sie lebte in erzwungenem Ruhestand in Stuttgart und bemühte sich – ihre eigene Gefährdung ignorierend –, anderen Verfolgten ihr Schicksal zu erleichtern, bis sie 1945 wieder in den Schuldienst zurückgeholt wurde.

Ihr Wille, auf einem geistigen Trümmerfeld Neues zu gestalten, kam in einer bemerkenswerten Rede an ihre Schülerinnen bei der Totengedenkfeier im November 1945 zum Ausdruck, in der sie am Schluss zu Gewaltfreiheit, Frieden, Wahrhaftigkeit und Toleranz gegenüber den Mitmenschen aufrief. Vielleicht hätten andere Lehrer angesichts der verwahrlosten und ungeheizten Räume, fast ohne materielle Hilfsmittel und mit unzureichenden und ständig wechselnden Lehrkräften an ihrer Stelle über die Notwendigkeit der Beschaffung von Heizmaterial gesprochen.

Lehrer, die wieder unterrichten durften, mussten bei Elisabeth Kranz eine Verpflichtung unterschreiben, sich vom Geist, den Methoden und dem Ton des Nationalsozialismus fernzuhalten und die nationalsozialistischen Gebräuche, Symbole und Einrichtungen nicht nur selbst zu vermeiden, sondern ihre Schüler auch davon abzuhalten.

Nach ihrer Pensionierung 1950 verbrachte sie ihren Lebensabend in Stuttgart und starb am 18. Oktober 1972 im Alter von 85 Jahren.

An Elisabeth Kranz erinnern heute in Israel zehn Bäume, die 1972 zu ihrem Gedächtnis gepflanzt wurden.

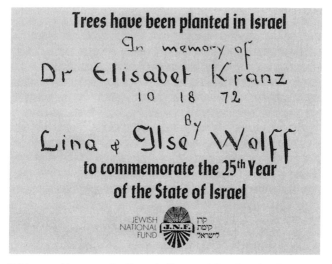

Widmungsblatt aus der Festschrift »100 Jahre Goethe-Gymnasium«

Irmgard Sauer

Eine Witwe, die für Witwen kämpft

Sie galt als die streitbarste Witwe Deutschlands. Angesichts der oft bitteren Armut von Kriegs- und anderen Witwen setzte sie sich beispiellos für eine hundertprozentige Witwenrente ein. (Bis heute beträgt die Witwenrente sechzig Prozent der Rente des Ehepartners) Politiker und Zeitungsredaktionen beklagten oftmals ihre Penetranz, mit der sie bundesweit ihre Ziele in den sechziger und siebziger Jahren verfolgte. Zum Nachdenken hat sie allemal angeregt.

Irmgard Sauer wurde am 29. August 1902 in Hamburg geboren. Nach dem Krieg kam sie von Berlin nach Ludwigsburg. Seit 1949 wohnte sie am Zuckerberg.

Da viele Renten von Witwen oft nur ein Almosen waren, wollte sie – 1962 selbst Witwe geworden, zum Glück unabhängig und finanziell abgesichert – diesen zu ihrem Recht verhelfen. Sie gründete 1973 die Gemeinschaft der Witwen. Mit großem Nachdruck und ihrem Vermögen setzte sich Irmgard Sauer dafür ein und führte 1974 einen Musterprozess gegen die Diskriminierung der Frau. Die Klage wurde abgewiesen. Die Richter räumten zwar ein, *»dass die Witwenrente häufig für den Lebensunterhalt nicht ausreicht«*, waren aber der Meinung, *»dass der Tod des Ehepartners beim Mann wirtschaftlich schwerer wiegt als bei der Frau, da Männer für die Haushaltsführung Fremdleistungen in Anspruch nehmen müssen, während den Witwen diese Tätigkeiten angeboren sind«*.

1975 gründete Irmgard Sauer in Ludwigsburg die Erste Deutsche Frauenbewegung nach dem Krieg, kurz DFB genannt, ein Jahr später machte sie erneut Schlagzeilen: Errang sie doch in Ludwigsburg als Einzelkämpferin bei den Landtagswahlen 1,2 Prozent der Stimmen.

In ihrem Buch »Das darf doch wohl nicht wahr sein!« fasste Irmgard Sauer 1983 ihre Erfahrungen und Erlebnisse aus den Jahren ihres Wirkens zusammen. Knapp fünfundachtzigjährig ist sie am 11. Juni 1987 in Ludwigsburg gestorben. Aus heutiger Sicht haben ihre Aktionen nachhaltig kaum etwas bewirkt. Sie konnte lediglich auf Missstände aufmerksam machen und diese ins Bewusstsein rücken.

Elfriede Breitenbach

Kommunalpolitikerin, Urgestein der Arbeiterwohlfahrt und erste Sozialarbeiterin der Stadt

Wer sie kannte, mochte sie, wer mit ihr zu tun hatte, wusste ihre Geradlinigkeit, Zuverlässigkeit, Bescheidenheit und auch Gutmütigkeit zu schätzen. Hinter ihrer rauen Schale verbarg sich ein weicher Kern. Elfriede Breitenbach zeigte Ecken und Kanten, wenn es darum ging, ein Anliegen durchzusetzen. Beim Umgang mit sozial benachteiligten Menschen zeigte sich ihre empfindsame Seele, die mitfühlte und mitlitt. Ihr Ton war burschikos, aber herzlich, anderen zu helfen war immer ihr Leitmotiv. Ihre vielen Auszeichnungen hat Elfriede zu Lebezeiten in eine Pappschachtel gelegt, sie war von ihrer Art her nicht für Ehrungen und hielt sich beim Erzählen darüber eher bedeckt. Die Ludwigsburgerin hat allerhand ins Leben gerufen: als Gemeinderätin, als Kreisrätin, als Gewerkschafterin. Am besten konnte sie ihre sozialen Ideen in der Position als Vorsitzende der Arbeiterwohlfahrt (AWO) umsetzen. In den 19 Jahren ihrer Amtszeit hat sie viele neue Wege beschritten: Elfriede Breitenbach war wesentlich daran beteiligt, dass schon 1967 in Ludwigsburg das Essen auf Rädern rollte oder 1977 die mobilen Dienste eingeführt wurden, auch wenn sie bescheiden von sich sagte, »*ich war nie die Hauptperson*«.

Sie wurde am 25. Januar 1922 als zweites Kind der sozialdemokratischen Arbeiterfamilie Haug in der Ludwigsburger Weststadt geboren. Elfriede war ein lebhaftes Kind und entwickelte sich zu einem Wirbelwind, dem kein Baum zu hoch, kein Graben zu breit und kein Hügel zu steil war. Ein halber Bub war sie, mit einem ziemlichen Dickschädel und keinerlei Berührungsängsten, alles Eigenschaften, die ihr späteres Leben beeinflussten.

Sie ging gerne in die Mädchenvolksschule am so genannten Schulbückele, in der heutigen Schulgasse, und kam immer mit den besten Noten nach Hause. Das Lernen und Erfahren neuer Themen machte ihr einfach Spaß. Sophie Scholl, die mit ihrer Familie zwei Jahre in Ludwigsburg gelebt hat, war eine ihrer Mitschülerinnen. Die Freundin schrieb ihr ins Poesiealbum:

Elfriede Breitenbach

> *Ich komme aus der Ewigkeit*
> *und trag in meinem Sternenkleid*
> *der Erde Leid, der Erde Glück,*
> *in ferne Ewigkeit zurück.*
> *Zum Andenken*
> *an deine Freundin*
> *Sophie Scholl*

Elfriede war zwar Klassenbeste, doch für den Besuch einer Oberschule konnten die Eltern das Schulgeld nicht aufbringen. Diesen Umstand hat sie später immer bedauert und mit dem Satz kommentiert: »*Wer weiß, zu was es gut war.*«

Nach der Machtübernahme der Nationalsozialisten 1933 wurde die Sozialdemokratische Partei verboten. Wie andernorts auch, wurden in Ludwigsburg Sozialdemokraten eingeschüchtert, ihrer Ämter enthoben und verhaftet. Im Zuge dieser Willkür-Maßnahmen kam Elfriedes Vater in Haft und anschließend für zwei Jahre in ein Konzentrationslager. Seine Tochter glaubte fest daran, dass ihr Eintritt beim Bund Deutscher Mädchen, den Vater vor einem schlimmeren Schicksal bewahren würde. Ob dies nur ein frommer Kinderwunsch war, oder der damalige Zeitgeist mit seiner Begeisterung für organisierte nationale Gruppierungen das seinige dazu beitrug, muss dahingestellt bleiben.

Nach dem Abschluss der Volksschule begann sie als Lehrling bei der Textilfabrik Bleyle und absolvierte dort eine kaufmännische Ausbildung.

Kurz vor Kriegsende, am 31. März 1945, heiratete Elfriede Heinrich Breitenbach, ihren Henry. Das Paar lebte bei Elfriedes Mutter und deren Pflegekind. 1947 kam ein Sohn und 1950 eine Tochter zur Welt. Diese Zeit war für alle nicht einfach: die Mutter bettlägerig, Henry hatte schwere Kriegsverletzungen und Geld war kaum vorhanden. Elfriede musste mitverdienen und beide Kinder sowie das mütterliche Pflegekind während ihrer Arbeitszeit in eine Tagesstätte geben. Eine Arbeit zu finden war nicht einfach. Nach anfänglichen Schwierigkeiten – sie musste erst entnazifiziert werden – fand Elfriede bei den Alliierten Streitkräften in Ludwigsburg eine Stelle als Putzfrau. Fleißig, immer guter Dinge und nicht auf den Mund gefallen, muss sie bei den Vorgesetzten Eindruck gemacht haben, denn nach einiger Zeit schwang sie nicht mehr Putzlappen und Besen, sondern erhielt 1954 eine Sachbearbeiterstelle für Wohnungsbeschaffung. Immer gewohnt, sich für andere einzusetzen, war es nur eine Frage der Zeit, bis sie selbst Verantwortung übernehmen würde. 1955 wurde die Dreiunddreißigjährige als Personalrätin der Zivilangestellten gewählt und trat der Gewerkschaft Öffentliche Dienste, Transport und Verkehr (ÖTV) bei. Bald gehörte sie dem Kreisvorstand Ludwigsburg an und blieb nicht untätig: So war sie am ersten Tarifvertrag zwischen der ÖTV und dem Bund für die bei den Alliierten Streitkräften Beschäftigten wesentlich beteiligt. 1957 erhielt sie das Parteibuch der Sozialdemokraten und ein Jahr darauf die Mitgliedschaft bei der AWO. Eine linke Karriere also? Keineswegs. Dieser Zuordnung wäre sie mit völligem Unverständnis begegnet, immer stand für sie zuoberst die Sache und nicht die Parteizugehörigkeit.

Zu ihren Ämtern kam 1963 das der Jugendschöffin beim Landgericht Stuttgart hinzu. Ihre eigentliche Passion fand Elfriede 1964 allerdings als hauptamtliche Geschäftsführerin beim Ortsverein der AWO Ludwigsburg. Da die Stelle damals noch nicht geschlechtsneutral ausgeschrieben wurde, bewarb sie sich selbstbewusst:

> »Ich glaube, daß die Tätigkeit des Geschäftsführers der AWO auch von einer Frau wahrgenommen werden kann.«

Dabei war Elfriede nie eine streitbare Feministin, eher ein mütterlicher Typ, pragmatisch, immer ausgerichtet auf das Machbare, für das es sich zu kämpfen lohnte. Sie vertraute auf ein gut ausgeprägtes Selbstwertgefühl und ihren gesunden Menschenverstand und stand, wie sie immer sagte, ihren Mann. Am besten kommt dies in einem ihrer Gedichte zum Ausdruck:

> [...] Als ich zur Welt kam vor langer Zeit
> hat sich mein Vater riesig gefreut!
> Er rannte zum Nachbarn, um zu erzählen,
> daß nun vorbei sei die Zeit mit Quälen.
> Er habe den Nachwuchs – doch leider 'ne Sie,
> es fehle ein Stück zwischen Nabel und Knie,
> ein richtiges Mannsbild werde die nie. [...]

Mit ironischem Augenwinkern verglich sie in den Reimen ihre Lebensmaxime mit denen der männlichen Honoratioren der Stadt, den Bürgermeistern und den Redakteuren der »Ludwigsburger Kreiszeitung«.

Elfriede und ihre Büttenreden waren ein besonderes Kapitel! Sie besaß die richtige Mischung aus Selbstironie, Humor und Witz, die den Zuhörern Lachtränen in die Augen trieb, wenn sie in ihrer aktiven Zeit beim Verein der Alten Kameraden in der Bütt´ stand.

Wieder zurück zur Sozialarbeiterin. Ihre Aufgabe als Geschäftsführerin der AWO in Ludwigsburg war Elfriede Breitenbach auf den Leib zugeschnitten. Ihr Start in der Asperger Straße 26 war mehr als bescheiden. Sie hatte kein eigenes Büro. Auf kleinstem Raum schuf sie sich eine plüschige Wohnzimmeratmosphäre, in der sie arbeitete, neue Ideen entwickelte, Leute beriet oder sich ihre Sorgen anhörte und nach Lösungen suchte. Falls ihre Kinder nicht in der Schule waren, konnte es durchaus sein, dass sie dabei saßen und von der Mutter eine Beschäftigung bekamen. Zwei Träume hatte Elfriede damals: Sie wollte für den AWO-Kindergarten und die Kindertagesstätte sowie für die Geschäftsstelle geeignete Räumlichkeiten. Erst Mitte der siebziger Jahre wurden ihre Wünsche erfüllt: Der Kindergarten in der Steinbeissstraße und die Kindertagesstätte in der Abelstraße 11 feierten ihre Eröffnung und sie bekam ein großes Büro.

Bei so viel sozialem Engagement war es kein Wunder, dass Elfriede 1964 als SPD-Stadträtin in den Gemeinderat gewählt und von der Fraktion in den Sozial- und Verwaltungsausschuss entsandt wurde.

Drei Jahre später gelang ihr eine wahre Pionierleistung: Als erste Stadt im Großraum Stuttgart führte Ludwigsburg auf ihr Betreiben hin das Essen auf Rädern ein. Wie kam es dazu? Während eines gemeinderätlichen Besuchs in Caerphilly, der walisischen Partnerstadt Ludwigsburgs, blieb Elfriede nicht untätig und nutzte die Zeit auf ihre Weise. Sie fuhr nach London, bekam Einblick in die dortige Sozialpflege und brachte die Idee eines mobilen Mittagsessens für Ältere mit nach Hause. Es entsprach ganz ihrer Natur, dass sie nicht locker ließ, bis auch in Ludwigsburg dieser Dienst eingerichtet wurde.

Ludwigsburger Delegationsreise in die Partnerstadt Caerphilly in Wales 1973
links vorne: Elfriede Breitenbach neben OB Otfried Ulshöfer

Wie groß das Arbeitspensum der agilen Frau von Anfang an war, zeigen einige Stichworte aus dem von ihr verfassten Jahresbericht der AWO 1966. Sie schildert darin ihre Arbeit für den Kindergarten und die Kindertagesstätte, für die häusliche Pflege, die beliebte Nähschule und die Betreuung und Hilfe für betagte Mitbürger, ferner ihren Einsatz in der Altentagesstätte, ihre Sprechstunden in der Hauspflegestation, ihre Organisation bei der Müttererholung, der Ferienerholung für Schulkinder, dem Weihnachtsbasar, der Weihnachtsfeier und einer Sommerausflugsfahrt für Ältere.

Ihr unbegrenztes Engagement, die nahezu totale Identifikation mit ihrer Arbeit wurde auch von ihren Kindern und Enkeln so erlebt und erlitten, denn eines ihrer Enkelkinder, einmal vom Arzt befragt, wie denn die Oma heiße, hat geantwortet: »*Elfriede, und ich glaube auch Arbeiterwohlfahrt.*«

Bei aller Arbeit sorgte sie sich ständig um die Finanzierbarkeit ihrer Aktivitäten, herrschte bei der AWO doch meistens chronischer Geldmangel. Immer wieder machte sie sich auf die Suche nach Geldgebern und Sponsoren, äußerst erfolgreich übrigens. Da sie keinerlei Berührungsängste hatte, klopfte sie auch bei vermögenden Bürgern an. So stellte zum Beispiel ein Ludwigsburger Unternehmen kostenlos bis zu achtzehn Omnibusse für die beliebten Ausflugsfahrten für Ältere zur Verfügung.

Elfriede Breitenbach hatte überallhin Kontakte, selbst zu einer Keksfabrik. Drei Tage vor Weihnachten, es war in den siebziger Jahren, stand auf dem Ludwigsburger Bahnhof ein Güterwagen, vollgefüllt mit Keksen und Christstollen, die an Ludwigsburger Bedürftige verschenkt werden sollten. Angesichts dieser Riesenmenge von Backwaren hätten sich die meisten die Haare gerauft, doch Elfriede meinte gelassen: *»Mer machet des«* und fand auch tatsächlich willige Helfer, die mitverteilten. Später wurde öfters kolportiert, dass ganz Ludwigsburg tagelang Christstollen gegessen habe.

Obwohl sich im Laufe der Zeit ihre Ämter häuften, wurde Elfriede nichts zu viel, immer widmete sie sich allen und allem mit Herzblut und menschlicher Anteilnahme nach dem Grundsatz: *»Helfen ohne zu fragen: Kannst du´s bezahlen oder net?«*

So sammelten sich an ihrem Tisch unzählige Menschenschicksale der Stadt und sie entließ niemanden, dem sie nicht in irgendeiner Weise geholfen hätte. Die viele Arbeit verlangte ganz bestimmt im Privatleben ihren Preis. Darauf angesprochen, meinte Elfriede Breitenbach Jahre später: *»Ich glaube, dass meine Kinder Verständnis für meine Arbeit gehabt haben, und dass ich sie trotzdem zu halbwegs anständigen Menschen erzogen habe.«*

Um sich ein Bild machen zu können, wie lange sie ihre Schaffenskraft für Hilfsbedürftige und sozial Schwache eingesetzt hat, seien einige Zahlen genannt: Sie war 18 Jahre Mitglied im Kreistag, 19 Jahre Geschäftsführerin bei der AWO, 25 Jahre Mitglied der SPD-Fraktion im Gemeinderat.

Die engagierte Frau, die Helfen zu ihrer Lebensaufgabe gemacht hatte, erhielt dafür 1975 das Bundesverdienstkreuz. Oberbürgermeister Ulshöfer heftete Elfriede die Auszeichnung ans Kleid und umriss in seiner Würdigung das, was so viele empfanden:

> »Die aufopferungsvolle Tätigkeit von Elfriede Breitenbach ist über die Grenzen der Stadt und des Kreises bekannt. Es ist fast nicht möglich, einzelne Verdienste besonders hervorzuheben, da sie überall mit gleich starkem Einsatz und sehr gutem Erfolg tätig ist.«

Nicht wenigen wäre bei diesen Lobeshymnen die Brust ganz kräftig geschwollen, doch nicht bei Elfriede. Sie lenkte bescheiden die Aufmerksamkeit auf ihre Mitarbeiter, die wesentlichen Anteil an ihrer Arbeit hatten.

Bei so viel Engagement blieben weitere Ehrungen nicht aus: 1983 die Bürgermedaille der Stadt Ludwigsburg. 1989 die Eberhard-Ludwig-Medaille des Landkreises, 1992 die Ehrenmitgliedschaft des Ortsseniorenrats und 1999 die der AWO Ludwigsburg. Sie quittierte es mit einem Schmunzeln: *»Ja, ja, do liegt no an ganzer Haufa Urkunda rom in meine Schränk.«*

Früher gab es Menschen, die in Gold aufgewogen wurden, aber wer jemals in Schokolade? Nur Elfriede Breitenbach! 1979 wurde während einer Werbeaktion von Karstadt und Sarotti ihr Gegengewicht in Schokolade aufgetürmt, die dann an alle Kindergärten in Ludwigsburg verteilt wurde. Elfriede war schon eine sehr stattliche Person, hat aber, um ihr Gewicht in die Höhe zu treiben, noch jede Menge Steine in ihren Manteltaschen vergraben.

Was war das Besondere, das Charakteristische an dieser Frau, das ihr Achtung, Respekt, Verehrung und Zuneigung von so vielen Menschen, über ihren beruflichen Umkreis und über alle Parteigrenzen hinweg gebracht hat? Ihre Weggefährten Otfried Ulshöfer und Wolfgang Schummer waren sich in der Antwort einig:

> »Es ist schlicht und einfach die Weise, mit der sie ihre Arbeit getan und ihre Aufgaben erfüllt hat: niemals nach einem im Alltag zur Routine erstarrten Schema, nie eben so nebenher oder um sich selbst in der gesellschaftlichen Bedeutung ihrer vielfältigen Funktionen zu sonnen, sondern indem sie sich in jeden einzelnen Fall voll und ganz eingebracht hat, mit Herzblut und menschlicher Anteilnahme und, nebenbei bemerkt, ohne die innere Distanz zu wahren, die eigentlich jeder Mensch zu seinem eigenen seelischen Schutz nötig hat,

der in hautnahe Berührung mit Not und Leid so vieler hilfsbedürftiger Menschen kommt.«

Bei der Fülle ihrer Ämter und Aufgaben muss man sich zwangsläufig fragen, ob es auch Zeit zum Luftholen und Regenerieren für Elfriede Breitenbach gegeben hat. Sie würde mit Ja geantwortet haben. In ihrer knapp bemessenen Freizeit erholte Elfriede sich bei kulturellen Angeboten – sie war Mitglied beim Kulturring und der Volksbühne – und im großen Familien- und Freundeskreis. Autodidaktisch hatte sie Geige spielen gelernt, später nahm sie Unterricht. Beim Musizieren und Lesen konnte sie entspannen und neue Kraft tanken.

Der Empfang zu ihrem 75. Geburtstag war eine einzige Huldigung. Oberbürgermeister Christof Eichert sprach *»über eine der zu Recht angesehensten Persönlichkeiten dieser Stadt, die in den sechziger bis achtziger Jahren sehr viel begonnen, vorangebracht und vollendet hat«*. Die Jüngeren täten gut daran, sich an ihr und ihrer Generation ein Beispiel zu nehmen. *»Solche Pioniere haben unsere soziale Landschaft geprägt.«*

Am Ende ihres Lebens blieb ihr jedoch wenig: Elfriede Breitenbach bekam ernsthafte Probleme mit den Hüften und den Beinen. Anfangs versorgte sie sich noch selber in ihrer Ludwigsburger Wohnung, dann musste ein privater Pflegedienst mithelfen, nicht die AWO. Das mag sie sehr gekränkt und enttäuscht haben. Nach einem längeren Krankenhausaufenthalt im Jahr 2000 brachte ihre Tochter sie im Kornwestheimer Pflegeheim der AWO unter.

Im Juni 2001 ist sie gestorben. Ihre Urne ruht auf dem Kornwestheimer Friedhof in einer Wandnische. Posthum erfuhr Elfriede Breitenbach noch eine Ehre: 2004 wurde die AWO-Zentrale in der Abelstraße in »Elfriede-Breitenbach-Haus« umbenannt.

Theresia Ehlert

Die Gründerin der Ludwigsburger Selbsthilfegruppe »Frauen nach Krebs«: Eigenes Erleben als Motivation zur Hilfe für andere

»Man muss stark und glücklich sein, um den Unglücklichen helfen zu können.« Dieser Satz von Albert Camus passt zu Theresia Ehlert, die über lange Zeit vielen geholfen hat.

Trotz zahlreicher Ehrungen ist sie bescheiden geblieben und mag gar nicht, wenn man viel Aufhebens um sie macht. Fünf Töchter hat sie großgezogen und ein Vierteljahrhundert als Zahnärztin in der Gewerblichen Berufs- und Fachschule II, der heutigen Oskar-Walcker-Schule, in Ludwigsburg Zahnarzthelferinnen ausgebildet. Sie hat Erziehung nicht nur als reine Wissensvermittlung gesehen, sondern als Hinführung zum Sehen und Erkennen des ganzen Menschen und seiner Bedürfnisse. Theresia Ehlert galt als pädagogisches Naturtalent und als Ersatzmutter. Noch während ihrer Lehrerinnenzeit gründete sie aus eigener Betroffenheit heraus die Selbsthilfegruppe »Frauen nach Krebs«. Unzähligen Frauen hat sie jahrzehntelang Mut zu neuem Leben gemacht, manche auch beim Sterben begleitet.

> *»Beispiele und Vorbilder sind wichtig, und es gibt sie auch bei uns in Ludwigsburg. Mit Dr. Theresia Ehlert wird eine Persönlichkeit geehrt, die deutlich macht, was eine Frau mit Willen und Tatkraft, aber auch mit viel Verständnis und Einfühlungsvermögen erreichen kann.«*

Der damalige Oberbürgermeister von Ludwigsburg, Christof Eichert, hat diese Worte im Mai 1999 bei der Stadtgründungsfeier im Schloss gesprochen, anlässlich der Verleihung der Bürgermedaille der Stadt für das Lebenswerk der engagierten Frau.

Bürgermeisterin Cornelia Lange hatte ihr schon drei Jahre vorher das Bundesverdienstkreuz für ihr selbstloses Wirken überreicht. Theresia Ehlert konnte die Ehrung nur unter der Bedingung annehmen, dass sie als Dank an alle

Theresia Ehlert

Theresia Ehlert bei der Verleihung der Bürgermedaille 1999 zwischen Schwester Ruth Stoll und OB Christof Eichert

Frauen der Selbsthilfegruppe galt. Es zeichnet sie aus, dass sie sich als Person nicht so wichtig nimmt, es geht ihr immer um die Sache.

> »*So wie Gott es gefügt hat, kann ich nur in Dankbarkeit eine tiefe Verbeugung machen.*«

Das war der erste Satz von Theresia Ehlert, als ich sie besuchte und mehr über ihr Leben wissen wollte.

Sie erzählte und begann mit ihrer Kindheit in Ostpreußen:

»Als Jüngste, als einziges Mädchen unter fünf Brüdern, wurde ich am 20. Januar 1929 auf einem Bauerngut in Kalkstein im katholischen Ermland – 70 Kilometer südlich von Königsberg – geboren. Auf unserem großen Bauernhof lebten außer uns noch viele Arbeiter mit ihren Familien. Mein Vater war Bürgermeister, sehr engagiert und überaus sozial eingestellt. Die Mutter vererbte mir die Liebe zur Musik.

Meine unbeschwerte und glückliche Kindheit verbrachte ich hauptsächlich mit meinem sechs Jahre älteren Bruder. Nach der Grundschule besuchte ich zuerst die Oberschule für Mädchen in Allenstein. Dort kam ich zu Verwandten in

Pension, bei denen ich mich aber gar nicht wohl fühlte. Meine Rettung war die Kameradschaft bei den ›Jungmädeln‹, doch die katholische Jugendgruppe hat mich geformt und in den Glauben hineinwachsen lassen. Um näher bei den Eltern zu sein, wechselte ich an ein Gymnasium in Wormditt, das nur sieben Kilometer von uns entfernt lag.

1939 brach der Krieg aus. Wir merkten bei uns wenig davon, lediglich vor dem Polen- und dem Russlandfeldzug wurden viele Soldaten bei uns einquartiert.

1941 und 1942 hatten wir, im Zuge der Kinderlandverschickung, viele Berliner Kinder bei uns aufgenommen. Sie mussten uns allerdings wieder verlassen, als 1944 die ersten Bomben auf Wormditt und Königsberg fielen.

Im Januar 1945 brach die Rote Armee in Ostpreußen ein und verbreitete Angst und Schrecken. Unsere Situation veränderte sich dramatisch: Russische Soldaten kamen in unser Haus und wollten meinen Vater erschießen. Eine Weißrussin, die bei uns auf dem Hof gearbeitet hatte, konnte ihn gerade noch retten.

Nach einem verlustreichen Häuserkampf wurde Kalkstein wieder von deutschen Truppen eingenommen. Es war jedoch nur eine Frage der Zeit, wann sich das Blatt wieder wenden sollte. Die Landser drängten meine Eltern, die den Hof nicht im Stich lassen wollten, vergeblich zur Flucht, lediglich ich sollte in Sicherheit gebracht werden. Damals konnte ich nicht ahnen, welche Odyssee vor mir lag! Am 28. Januar verließ ich allein – versteckt in einem Panzer – mit dem Nötigsten versehen, unser Zuhause. Ich war sechzehn, ein Kind noch, und wie man bei uns sagte, ein ›Spirax‹, also klein und dünn. Das war meine Lebensrettung auf der ganzen Flucht! Tagelang befand ich mich mit den Soldaten mitten im Kampfgeschehen. Als es zu gefährlich wurde, musste ich den Panzer verlassen, der wenig später von den Russen abgeschossen wurde. Weiter ging es mit dem nächsten Verwundetentransport, dann zu Fuß über das zugefrorene Frische Haff [Meeresbucht der Ostsee im ehemaligen Ostpreußen], bis ich vor Erschöpfung zusammenbrach. In einem Verwundetenschlitten erreichte ich den Ostsee-Fischereihafen Pillau. Auf einem Schiff, das nach Gotenhafen und weiter nach Mecklenburg auslief, verbrachte ich einen weiteren Teil meiner Flucht.

Ich hörte, dass bei Güstrow die deutsche Oberschule aus Riga samt Lehrern auf der Flucht vor den Russen untergebracht war. Darin sah ich eine Chance, wieder eine Schule zu besuchen und aufgehoben zu sein. Ich war stolz und glücklich, als ich Ostern 1945 in die Oberprima versetzt wurde. Meine Verschnaufpause war allerdings nur von kurzer Dauer: Die Russen rückten näher. Die nächste Zuflucht fand ich bei Verwandten auf einem Gut zwischen Wismar und Lübeck, aber selbst dort konnte ich nicht lange bleiben, denn die englische Besatzung sollte von den Russen abgelöst werden. Dieses Mal gelang es mir, in einem Güterzug ein geeignetes Versteck zu finden. Unbeschadet erreichte ich im Oktober 1945 das zertrümmerte Berlin. Mein Onkel hatte überlebt und arbeitete dort als Arzt. Er gab mir ein Zuhause und übernahm meine Vormundschaft. Erinnere ich mich an die Erlebnisse meiner Flucht aus Ostpreußen, bin ich mir sicher:

> *Ich hab' nur Glück gehabt und immer Hilfe gefunden.*
> *Man wird für eine andere Aufgabe gebraucht und deshalb aufgehoben.*

Mit 17 machte ich in Spandau Abitur und bewarb mich an der Berliner Universität für ein Studium der Zahnmedizin, wurde jedoch als zu jung abgewiesen.

Nach vielen Bewerbungen bekam ich ein Jahr später meine Zulassung an die Universität Rostock. Bereits nach acht Semestern machte ich 1951 das Staatsexamen und meine Doktorarbeit. Ich hatte das Glück, gleich eine Stelle in der Poliklinik in Schwerin zu bekommen. 1953 kam ich wieder nach Rostock zurück und lernte meinen späteren Mann kennen. Wir heirateten 1957. Es hätte eine relativ unbeschwerte Zeit folgen können, doch unsere Freundschaft zu einem Studentenpfarrer – er kam nach seiner Haft nach Rostock und floh später in den Westen - machte die Staatssicherheit auf uns aufmerksam. Um einer drohenden Verhaftung zu entgehen, mussten wir 1958 Rostock heimlich verlassen, in den Westen fliehen und uns dort eine neue Existenz aufbauen. Unsere nächsten Stationen waren Münster, Gießen und Saarlouis. 1965 erhielt mein Mann eine Stelle als Veterinärarzt in Ludwigsburg. Jetzt endlich konnten wir mit unseren Kindern Wurzeln schlagen! Nach einer Familienpause – unsere jüngste Tochter war 1968 geboren – stieg ich 1969 wieder in den Beruf als Fachlehrerin an der Gewerblichen Berufs- und Fachschule II ein. Beim Unterrichten der angehenden Zahnarzthelferinnen hielt ich mir immer meinen Leitsatz vor Augen: Der Mensch besteht aus Körper, Geist und Seele. In diesem Sinn habe ich Generationen von Schülerinnen unterrichtet. Nach 24 Jahren Lehrtätigkeit ging ich 1993 in den Ruhestand.

1973 hatte ich eine weitere Zäsur in meinem Leben hinnehmen müssen: Meine Jüngste war gerade fünf Jahre alt, als ich an Brustkrebs erkrankte. Damals waren Brustamputationen und Bestrahlungen als Therapie üblich. Es gab noch keine Chemotherapie und bei Wiedererkrankung kaum Heilungschancen. Die Krebsdiagnose war ein furchtbarer Schock für mich. Wie sollte es weitergehen? Beim Gedanken an meine fünf Kinder bekam ich Todesängste.

Nach der Operation und den anschließenden Bestrahlungen erhielt ich eine Haushaltshilfe von der Caritas und fuhr das erste Mal zur Kur in die Krebsklinik Aulendorf im Allgäu. Dort sah und lernte ich, dass ich mit meinem Schicksal nicht alleine war. Ich erlebte Frauen, die trotz allem große Lebensfreude entwickelt hatten. Eine zweite und dritte Kur in Aulendorf waren Labsal für Leib und Seele. Alle hatten wir die gleichen Probleme, uns vereinte Freud und Leid gleichermaßen. Als ich 1976 wieder aus dem Allgäu zurückgekommen war, fand ich mich mit der Frage konfrontiert, ob es nicht an der Zeit wäre, in Ludwigsburg eine Gruppe für krebskranke Frauen zu gründen. Es war dringend notwendig, betroffenen Frauen Mut zu machen und ihnen zu helfen. Sie brauchten entsprechende Informationen über ihre Krankheit und sollten bei Rückfragen ausführlich beraten werden. Eine richtige Ernährung war ebenso wichtig wie Gymnastik und gemeinsame Gespräche. Ich stellte mich dieser Aufgabe und konnte nach der Gründung der Selbsthilfegruppe ›Frauen nach Krebs‹ 1978 meine Erfahrungen aus den Kuren direkt an die betroffenen Frauen weitergeben: Die Schwankungen der Gefühle zwischen Angst und Hoffnung, Verlusterfahrung durch Veränderung des Körpers nach Operationen, Minderung des Selbstwertgefühls, depressive Stimmungen, Abkapselung, aber auch, durch aufkommende Hoffnung, Freude.

Dies alles selbst erlebt und durchlebt zu haben, ließ mich immer mitfühlen und gab mir die Kraft und die Kompetenz, anderen Mut zuzusprechen.

Unsere Devise in der Selbsthilfegruppe hieß: *Hoffnung bringt Leben*. Wir leisteten damals Pionierarbeit, waren kein eingetragener Verein, sondern die erste freie Gruppe in Deutschland. Unser Ludwigsburger Modell wurde als Vorbild später von zahlreichen Städten übernommen, das heißt, viele neue Gruppen haben von unseren Erfahrungen profitiert.

Begonnen haben wir mit acht Frauen. Innerhalb weniger Monate wandten sich über 150 Frauen an uns. Anfangs fanden unsere Treffen in der Sozialstation in der Asperger Straße, dann in der Friedenskirche, im Klinikum und seit vielen Jahren im Bischof-Sproll-Haus in der Schorndorfer Straße statt. Raummiete mussten und müssen wir keine bezahlen, das hilft uns sehr. Wir bekommen einen Zuschuss vom Krebsverband Baden-Württemberg, für den Rest der Kosten sind wir jedoch auf Spenden angewiesen.

Wie überall im Leben gehören auch in unserer Gruppe Freud und Leid zusammen. Viele Schicksale waren und sind zu Herzen gehend: Dankbarkeit für ein wiedergeschenktes Leben auf der einen Seite und Angst vor dem Sterben und vor dem Tod auf der anderen Seite. Enge Freundschaften sind daraus entstanden, manche bestehen heute noch, manche hat der Tod beendet. Ich habe wiederholt Frauen bis zu ihrem Tod begleitet und ihnen beim Sterben die Hand gehalten. Wie oft musste ich erfahren, dass Angehörige von Betroffenen mit der Situation überfordert sind. Es ist sehr wichtig, dass unsere anfangs im Stillen erfolgte, lebenswichtige Tätigkeit für krebskranke Frauen immer wieder ins Bewusstsein der Öffentlichkeit gerückt wird. Im Jahr 2000 haben wir angefangen, unsere Gesprächsrunden für Krebskranke und deren Angehörige in der Zeitung anzukündigen. Krebskranke Frauen und ihre Familien sollen wissen, dass wir grundsätzlich den Wunsch nach Anonymität akzeptieren und selbstverständlich unsere Schweigepflicht einhalten. Für unsere Angebote wie Vorträge, Gesprächsgruppen, Schwimm-, Gymnastik-, Feldenkrais-, Tanz- und Malgruppen haben wir einfühlsame Therapeuten und Fachkräfte. Dies muss immer wieder publiziert werden, um Frauen in der Grenzsituation Krebs Mut zum Leben zu machen und damit ihre seelischen und sozialen Selbsthilfekräfte zu stärken.

Bei der Feier zum zwanzigjährigen Bestehen der Selbsthilfegruppe habe ich 1998 den Leitungsstab an meine Nachfolgerin Martina Cousins weitergegeben. Sechs Jahre blieb ich noch im Leitungsteam, seit 2005 arbeite ich nur noch gelegentlich mit, nicht mehr kontinuierlich und nie mehr für längere Zeit.

Werfe ich heute einen Blick auf alles Erlebte zurück, bleibt mir nur zu sagen:

Grenzsituationen im Leben können zu Wendepunkten werden. Dreimal habe ich es erfahren dürfen: bei der Flucht aus Ostpreußen, bei der Flucht aus der DDR und nach meiner Krebserkrankung. Das Verlassen aller Sicherheiten ist nur durch die führende Hand eines Höheren zu ertragen.«

Hannelore Kolb

Mit Herz und Verstand, Leib und Seele im Einsatz für ausländische Mitbürger

Wenn sich Erol, Fatime, Doikas und Wassiliki nach dem Unterricht in einer Ludwigsburger Hauptschule treffen, um Silbenrätsel zu lösen, oder sich zu fragen, heißt es das Ameisenbär, die oder der Ameisenbär, so ist das keine lustige Freizeitbeschäftigung, sondern eine ernsthafte Angelegenheit. Sie nehmen an der Sprachförderung für ausländische Schüler teil.

Sitzt eine Gruppe Kinder unterschiedlicher Nationen in einer Ludwigsburger Grundschule über ihren Heften und wird sich dabei nicht selbst überlassen, sondern bekommt Anleitung und Unterstützung, dann profitiert sie von der Hausaufgabenhilfe für Ausländerkinder.

Wurden in Ludwigsburg Brücken zwischen Muslimen und Christen gebaut, bemühte man sich um gute Nachbarschaft, wurde gegenseitiges Vertrauen aufgebaut und Integrationshilfe mit viel Neugier auf andere Kulturhinter-

Hannelore Kolb bei der Hochzeitsfeier einer ihrer Schülerinnen aus Eritrea

gründe geleistet, immer war Hannelore Kolb von Anfang an dabei.

Gab es für sie einen wichtigen Grund, sich so intensiv ehrenamtlich zu engagieren? Ihre Erfahrungen aus der Zeit des Nationalsozialismus brachte die engagierte Christin zu der Überzeugung:

> *»Nie wieder sollen sich Menschen unterschiedlicher Herkunft und Kultur benachteiligt fühlen müssen.«*

Da ich, die Autorin, schon in den siebziger Jahren als junge Mutter in der Ludwigsburger Hausaufgabenhilfe mitgearbeitet hatte, war mir das Thema vertraut. Für das Porträt von Hannelore Kolb fehlten mir jedoch noch einige Daten und Hinweise. Ich suchte sie deshalb auf, und sie erzählte mir ihr Leben:

»Ich kam am 16. Juni 1930 zu zweit mit meiner Zwillingsschwester in Bad Cannstatt zur Welt. Neun Jahre später bekamen wir einen Bruder, mit dem wir wenig spielten, aber auf ihn aufpassen mussten. Unsere Kindheit, kann ich sagen, war wohl behütet, unser Elternhaus gutbürgerlich. In der Volksschule habe ich zum ersten Mal große soziale Unterschiede erlebt. Ich fand das Elend einzelner Kinder sehr ungerecht und machte mir viele Gedanken darüber. In der Mädchenoberschule in Bad Cannstatt zeigte sich bei vielen Lehrern ganz deutlich das politische Klima der nationalsozialistischen Herrschaft in ihrem Unterrichts-, Umgangs- und Erziehungsstil. Es gab aber Gott sei Dank auch andere, die ohne ideologischen Hintergrund unterrichtet haben, bei denen machte mir das Lernen Freude. Mein Vater war kein Parteimitglied, die Eltern verhielten sich politisch neutral, sie wollten sich nicht eindeutig äußern, im Gegenteil, sie vermieden vor uns Kindern Diskussionen über die damalige Situation. Vaters Grundsatz: ›*Seinem Volk fällt man im Krieg nicht in den Rücken*‹, widersprach niemand.

Im Herbst 1943 hatten alle Kinder bis 15 Jahre wegen drohender Bombardierungen den Stuttgarter Raum zu verlassen. [Bad Cannstatt erlebte tatsächlich Ende 1943 schwere Bombenangriffe und die Häuser rings um ihr Elternhaus wurden zerstört.]

Ich wurde nach Metzingen auf die Alb in die sogenannte Kinderlandverschickung geschickt.

Der Unterricht dort, die Erziehung und das gemeinsame Leben waren auf den Führer, sein ›Tausendjähriges Reich und die deutschen Siege‹ ausgerichtet. Selbstverständlich wurden wir zur Mitgliedschaft bei den ›Jungmädeln‹ und später beim Bund Deutscher Mädchen verpflichtet und mussten unter der Hakenkreuzfahne schwören: ›*Ich verspreche, alle Zeit meine Pflicht zu tun, im Ansehen auf den Führer und unsere Fahne*‹.

Bei uns Kindern gab es damals, wie heute vielleicht auch noch, folgende Sitte: Wenn wir einen Schwur nicht ernst nehmen wollten, hatten wir ein probates Mittel dagegen: Man musste nur den linken Fuß anheben, und der Schwur war ungültig. Ich habe treu unter der Fahne gelobt und mit schlechtem Gewissen leicht den linken Fuß angehoben!

Am 18. März 1945 wurde ich in Bad Cannstatt konfirmiert. Es machte mich traurig, dass einige meiner Mitschülerinnen nicht mehr dabei waren. Sie hatten den Krieg nicht überlebt.

Unsere Eltern waren froh und dankbar, dass wir einigermaßen unbeschadet die schwierigen Zeiten überstanden hatten, und zeigten sich hilfsbereit: Sie boten unseren Verwandten, meistens Flüchtlingen oder Ausgebombten, ihr Heim als zeitweilige Unterkunft an. Unter sehr beengten Wohnverhältnissen traf sich ein buntes Familiengemisch. Alle hatten mit dem Belagerungszustand massive menschliche Probleme.

In der Nachkriegszeit gab es im zerbombten Bad Cannstatt keine heil gebliebenen Schulräume mehr, geschweige denn Lehrer. Erst im Herbst 1945 war in ungeheizten Zimmern wieder stundenweise Unterricht möglich, allerdings ohne Papier und Schulbücher. Wir Kinder brachten damals Holzscheite als Heizmaterial in die Schule mit. Ich war überglücklich, wieder in die Schule gehen zu können, hauptsächlich wegen der jungen Lehrerinnen, die nach und nach in unsere Schule kamen. Sie hielten einen intelligenten und erfrischenden Unterricht und wurden zu meinen Leitfiguren, denen ich nacheiferte. Übrigens waren Mathematik, Deutsch und Kunstgeschichte meine Lieblingsfächer.

Meine Freizeit verbrachte ich häufig im Mädchenkreis der evangelischen Kirche. Außer Religions-, Moral- und

Ethikthemen bekamen wir dort ein großes Gemeinschaftsgefühl.

Nach dem Abitur 1950 hatte ich nur einen Berufswunsch: Buchhändlerin zu werden. Im Nachkriegsdeutschland waren jedoch weder Ausbildungsplätze noch Arbeitsstellen vorhanden und so besuchte ich eine Fachschule für Hauswirtschaftsleiterinnen. Nach meinem Examen wurde ich zuerst nach Schwäbisch Gmünd geschickt. Dort betreute ich im damaligen Waisenhaus zwölf Mädchen und machte sie in Haushaltsführung und Gesundheitspflege fit. Nach einer weiteren Station in Esslingen bekam ich 1954 die Chance, beim Evangelischen Mädchenwerk in Heilbronn zu unterrichten. Danach war mir klar, dass ich zur Lehrerin berufen war und deshalb studieren musste. Aus meinen Plänen ist leider nichts geworden, denn Hochzeit und eigenes Heim waren in den Fünfzigern kaum mit einem Studium vereinbar. So zog ich 1957 mit meinem Mann nach Ludwigsburg, ins Haus der Schwiegermutter, die dem jungen Glück zunächst zwei Zimmer als erste Wohnung bereitgestellt hatte. Von 1958 bis 1962 vergrößerte sich unsere Familie zusehends: drei Kinder, zwei Söhne und eine Tochter, kamen zur Welt. Mein Puppenheim platzte fast aus allen Nähten, doch wir waren jung und glücklich und ich machte das Beste aus allem. Eine willkommene Abwechslung zu Kinder, Küche, Windeln waren einige Abendkurse, die ich zwischendurch in der Hauswirtschaftlichen Berufsschule hielt. Dann war ich auch noch im Verein Internationale Jugendarbeit der Diakonie aktiv und wurde 1968 Vorsitzende des Ortsvereins Ludwigsburg.

Das Jahr 1970 hat mein Leben verändert. Bundespräsident Gustav Heinemann rief damals das Internationale Erziehungsjahr aus. ›Mitmachen lohnt sich auch für Sie‹ war der Slogan, mit dem er für ehrenamtliche Arbeit warb.

Ich fühlte mich persönlich angesprochen. Durch meine Kinder war ich auf die Probleme der Gastarbeiterkinder an der Oststadtschule II aufmerksam geworden und fragte mich immer, wie wohl Kinder, die kaum deutsch konnten, den Schulstoff bewältigen, geschweige denn daheim Hausaufgaben machen könnten. Was die Kinder brauchten, war schnelle, unbürokratische Hilfe. Ich zögerte nicht lange. Es fand sich bald ein Kreis engagierter Mütter von Schulkindern, die ausländischen Kindern die notwendige Hilfe anboten. Zweimal wöchentlich kamen nachmittags zu den eigenen noch ein oder zwei Kinder anderer Nationalitäten ins Haus. Zusammen wurden Hausaufgaben gemacht, noch nicht Verstandenes erklärt und anschließend war Zeit zum Spielen. Das waren die Anfänge der Ludwigsburger Hausaufgabenhilfe, die nun auch an anderen Schulen eingeführt wurde. Ein Jahr später kam die Stadt für eine erforderliche Versicherung auf. Für die Finanzierung wurden Zuschussgeber gefunden, sprich das Land, kirchliche Einrichtungen und Firmen gaben Geld. Damit war der Grundstein für kontinuierliches Arbeiten gelegt. Die Nachfrage nahm ständig zu, wir vergrößerten das Angebot, verlegten die Hausaufgabenhilfe aus dem Privatbereich in vorhandene Schulräume und begannen in Gruppen zu arbeiten.

Nach einiger Zeit merkte ich, dass diese Form der Betreuung zwar bei ausländischen Grundschülern, die schon etwas deutsch konnten, wunderbar funktionierte, doch für Kinder, die kaum deutsch sprachen, mussten andere Wege gefunden werden. Bei ihnen sollte eine Gruppenleiterin über eine professionelle Vorbildung mit interkultureller Kompetenz verfügen.

Ich hörte, dass in Denkendorf bei Esslingen seit 1972 interessierten Frauen Sprachförderungsprogramme für Ausländerkinder angeboten wurden. In unterschiedlichen Kursen wurden die Sprachhelferinnen in spe für ihre Aufgabe nach dem ›Denkendorfer Modell‹ ausgebildet. Die Sprachhelferinnen arbeiteten mit kleinen Schülergruppen direkt an den Schulen, im Anschluss an den normalen Unterricht, immer in Absprache mit den Lehrern. Das wäre genau das Richtige für Ludwigsburg, dachte ich und gründete nach intensiver Vorarbeit 1976 eine Sprachförderungsgruppe. Die Stadt Ludwigsburg übernahm die Trägerschaft. Das hört sich zwar alles einfach an, doch bis zum Ziel gab es viele Hürden zu überwinden.

In der Zwischenzeit war die Hausaufgabenhilfe zum erfolgreichen Selbstläufer geworden. Ich fand für mich eine Nachfolgerin und konnte mich daher voll und ganz auf die Sprachförderung konzentrieren.

Bald wurden Hausaufgabenhilfe und Sprachförderung

als wichtige Integrationshilfe für ausländische Familien gesehen. Mit einem Mal hatten wir öffentliche Aufmerksamkeit, profitierten doch alle davon: die Kinder, die Eltern und die Lehrer. 1981 übernahm die Stadt auch für die Hausaufgabenhilfe die Trägerschaft.

Sechs Jahre später wurde dann im Ludwigsburger Gemeinderat beschlossen: ›[...] *für beide Institutionen die durch Zuschüsse nicht gedeckten Kosten zu übernehmen*‹.

Die Arbeit nahm viel Zeit und Kraft in Anspruch. Eines Tages stellte ich durch meine intensive Beschäftigung mit türkischen Kindern und deren Familien fest, dass ein eingehendes Studium des Islam für mich wichtig und hilfreich wäre, und fing als überzeugte Christin an, mich für die Lehre, Hintergründe, Bräuche und Geschichte dieser Religion zu interessieren. Mein erweitertes Wissen zeigte mir vieles in einem anderen Licht und erleichterte die Arbeit mit den muslimischen Kindern. Das war wohl auch ein Grund, dass ich Mitglied des Arbeitskreises für Islamfragen [eine Einrichtung des Oberkirchenrats der Evangelischen Landeskirche in Württemberg] geworden bin. Theoretisieren lag mir allerdings weniger, ich suchte die Basisnähe vor Ort. Es gab ja so viel zu tun, damit Christen und Muslime in guter Nachbarschaft miteinander leben konnten! Ich hielt zum Beispiel Referate zum Thema ›Gegenseitiges Verständnis‹ in ökumenischen Arbeitskreisen. Mitglieder des Kirchengemeinderats machten 1994 am Ende des Fastenmonats Ramadan einen Besuch in der hiesigen Moschee in der Heilbronner Straße, und umgekehrt kam eine Delegation des türkisch-islamischen Zentrums in die Friedenskirche, um ein frohes Weihnachtsfest zu wünschen.

Ob im Ausländerausschuss der Stadt, im Frauenforum oder auf städtischen Ämtern, wo man meine Hilfe brauchte, habe ich mich für die ausländischen Mitbürger eingesetzt. In Ludwigsburg habe ich Wurzeln geschlagen und viele ausländische Freunde gewonnen.«

So weit Hannelore Kolb in ihren Erinnerungen.

1991 wurde ihr eine große Ehre zuteil: Der damalige Oberbürgermeister Hans Jochen Henke verlieh ihr die Bürgermedaille der Stadt Ludwigsburg für ihr großes Engagement. In seiner Laudatio hieß es unter anderem:

> *»Hannelore Kolbs Vorantreiben für ein besseres Verständnis untereinander hat viel bewirkt, um Vorurteile und Ängste auf beiden Seiten abzutragen. [...]*
> *Sie hat Zeit und Geld und vor allem ein menschliches Herz dafür eingesetzt, um zwischenmenschliche Hilfe für ausländische Mitbürger zu geben.«*

Drei Jahre später folgte eine weitere Ehrung. Für ihre langjährigen Verdienste bekam sie das goldene Kronenkreuz des Diakonischen Werks verliehen.

Nach einem Krankenhausaufenthalt Ende der achtziger Jahre musste Hannelore Kolb aus gesundheitlichen Gründen mit der Sprachförderung aufhören. 1997 zog sie sich vom letzten ihrer Ämter beim Verein für Internationale Jugendarbeit zurück und überließ den Vorsitz Jüngeren. Am christlich-islamischen Gesprächskreis nimmt sie noch immer teil.

Kurz und bündig resümiert sie ihre langjährige Arbeit: *»Mein Engagement hat mich kein einziges Mal gereut«* und schaut mit Zuversicht in die Zukunft. Leisten doch die Institutionen Hausaufgabenhilfe und Sprachförderung weiterhin erfolgreiche Arbeit.

Verwendete Literatur

Wilhelmina von Grävenitz
DIETERICH, SUSANNE: Liebesgunst. Mätressen in Württemberg. Leinfelden-Echterdingen 1996.
OßWALD-BARGENDE, SYBILLLE: Die Mätresse der Fürst und die Macht. Dissertation. Frankfurt 2000.
- Die (un)erklärliche herzogliche Liebe. In: Staatsanzeiger 2004/19.
- Standpunkte. Frauengeschichtsforschung in Baden-Württemberg. Tübingen 1993.

Marianne Pirker
Ludwigsburger Frauen von B-Z. Frauenakademie, Schiller-Volkshochschule Kreis Ludwigsburg 1996.

Seraphia de Beckè
FLACH, HANS DIETER: De Beckè und Sperl, Sperl und Frantz. Zwei Doppelsignaturen. In: Keramos Heft 148, April 1995.
- Die Karriere der Seraphia de Beckè. In: Hie gut Württemberg, 4/1993.
- Zur Ludwigsburger Fayence-Manufaktur, Teil I:. Ihre Gründung und Lebenszeit, Leitung und Mitarbeiter. In: Keramos, Heft 146, Oktober 1994.
- Zur Ludwigsburger Fayence-Manufaktur, Teil II:. Ihre Produkte und Marken. In: Keramos, Heft 160, April 1998.

Ludovike Simanowiz
FIEGE, GERTRUD: Ludovike Simanowiz, eine schwäbische Malerin zwischen Restauration und Revolution. Marbach 1991.
SCHERZER, BEATRICE: Ludovike Simanowiz. In: Der freie Blick. Heidelberg 2002.

Beate Paulus
PAULUS, RUDOLF F.: Beate Paulus – Was eine Mutter kann. Metzingen/Württ. 1970.
- Ein Frauenleben im 19. Jahrhundert. In: Kornwestheimer Geschichtsblätter, 1998.
- Die Wissenschaftliche Bildungsanstalt auf dem Salon bei Ludwigsburg. In: Ludwigsburger Geschichtsblätter 39/1986.
Rundbriefe der Familiengemeinschaft Gebhardt-Paulus-Hoffmann, Stuttgart 1990 ff.

Sarah Liebmann, Friederike Franck
HOMANN, SABINE: Die Ludwigsburgerinnen. Ludwigsburg 1998.
Ludwigsburger Frauen von B-Z. Frauenakademie, Schiller-Volkshochschule Kreis Ludwigsburg 1996.

Verwendete Literatur

Unternehmerinnen im 19. Jahrhundert
200 Jahre Buchhandlung Aigner. Beilage der Ludwigsburger Kreiszeitung 2004.
Buch der Unteren Stadt. Ludwigsburg 1993.
HAHN, JOACHIM: Jüdisches Leben in Ludwigsburg. Karlsruhe 1998.
HOMANN, SABINE: Die Ludwigsburgerinnen. Ludwigsburg 1998.
Zeitgenössische Berichte in der Lokalpresse.

Tony Schumacher
Buch der Unteren Stadt. Ludwigsburg, 1993.
STING, ALBERT: Geschichte der Stadt Ludwigsburg Band II. Ludwigsburg 2004.

Mathilde Planck
HAAG, ANNA: Ein Leben der Mitverantwortung. Ludwigsburger Kreiszeitung, 25.11.1961.
MEHNER, JOHANNES: Festschrift der Mathilde-Planck-Schule zur Namensfeier 1992. Ludwigsburg 1992.
RIEPL-SCHMIDT, MASCHA: Mathilde Planck 1861-1955. In: Standpunkte, Heft 8/2005.
STOCKMAYER, ELISABETH: Mathilde Planck. Ludwigsburg 1959.

Fürstin Pauline zu Wied
LIESSEM-BREINLINGER, RENATE: Die vielen Rollen der Fürstin zu Wied. In: Momente 4/2002.
WIED, PAULINE FÜRSTIN ZU: Vom Leben gelernt. Ludwigsburg 1953.
Zeitgenössische Berichte in der Ludwigsburger Zeitung und der Ludwigsburger Kreiszeitung.

Elisabeth Kranz
HOMANN, SABINE: Die Ludwigsburgerinnen. Ludwigsburg 1998.
Ludwigsburger Frauen von B-Z. Frauenakademie, Schiller-Volkshochschule Kreis Ludwigsburg 1996.

Irmgard Sauer
KLEE, ERNST: Eine Witwe, die für Witwen kämpft. In: Die Zeit, 11.3.1977.
Ludwigsburger Frauen von B-Z. Frauenakademie, Schiller-Volkshochschule Kreis Ludwigsburg 1996.
Zeitgenössische Berichte in der Ludwigsburger Kreiszeitung.

Elfriede Breitenbach
Fünfzig Jahre AWO Ludwigsburg. Ludwigsburg 1995.
Zeitgenössische Berichte in der Ludwigsburger Kreiszeitung.

Namenregister

Die Namen der portraitierten Frauen wurden aus Gründen der Übersichtlichkeit nicht in das Namenregister aufgenommen.

Abel, Heinrich von 63
Aigner, Julius 48
Augusta, deutsche Kaiserin 66

Baur-Breitenfeld, Fidel von 49
Beckè, Apollonia de 24
Beckè, Johann Daniel de 21
Bengel, Johann Albrecht 34
Bleyle, Textilfabrik 74
Blos, Anna 54
Breitenbach, Heinrich 74

Camus, Albert 81
Carl Alexander, Herzog von Württemberg 8, 16 f.
Carl Eugen, Herzog von Württemberg 16, 18 f., 21, 23 f., 28
Charlotte von Schaumburg-Lippe, Königin von Württemberg 62
Cousins, Martina 87

Dittmar, Louise 51

Eberhard Ludwig, Herzog von Württemberg 7-10, 13, 15 f.
Eichert, Christof 80-82
Elsas, Benedikt 48

Flattich, Johann Friedrich 34 f., 39
Franck, Johann Heinrich 44
Franziska Theresia von Hohenheim, Herzogin von Württemberg 29
Friederike, Herzogin von Württemberg 18
Friedrich Eugen, Herzog von Württemberg 30

Friedrich I., König von Württemberg 37
Friedrich Ludwig, Erbprinz von Württemberg 14

Gluck, Christoph Willibald 18
Grävenitz, Friedrich Wilhelm von 8, 10 f., 16
Guibal, Nicolas 28
Gurk, Franz 61

Hahn, Beate Regina 35 f., 39
Hahn, Philipp Matthäus 34
Hähnle, Klara 54
Hannong, Manufaktur 20
Hartenstein, Gustav 65
Hartmann, Michael Heinrich 42
Heinemann, Gustav 91
Henke, Hans Jochen 93
Heuss, Theodor 58
Hitler, Adolf 58

Johanna Elisabeth, Herzogin von Württemberg 7 f., 10, 12, 15

Kammerer, Jakob Friedrich 45 f.
Karl Friedrich Alexander, König von Württemberg 62
Katharina, Prinzessin von Württemberg 62
Kerner, Justinus 28, 33
Kerner, Lina von 49
Kiesinger, Kurt Georg 61
Kropp, Georg 55 f.

Lafayette, Marie-Madeleine de 7
Lange, Cornelia 81

97

Namenregister

Lange, Helene 54, 70
Liebmann, Samuel 42 f.
Lotter, Albert 46
Lotter, Christoph Heinrich 46
Lotter, Wilhelm 47
Löwenfinck, Adam Friedrich von 20

Maria Theresia, Kaiserin von Österreich, Königin von Ungarn 18
Marie zu Waldeck und Pyrmont, Prinzessin von Württemberg 61

Nast, Carl Friedrich 47
Neubert, Adolph 47

Paulus, Christoph 39 f.
Paulus, Friedrich 39
Paulus, Gottlob 39
Paulus, Imanuel 39 f.
Paulus, Karl Friedrich 37, 39
Paulus, Philipp 39 f.
Paulus, Wilhelm 39
Pfaff, Karl 8
Pirker, Franz Joseph 18
Planck, Karl Christian 51, 59
Pückler, Graf von 24

Reichenbach, Johann Friedrich 28
Reinwald, Christophine 28, 31
Ringler, Joseph Jakob 21 f.

Sayn-Wittgenstein, Carl Graf von 24
Schick, Aloysius 20
Schick, Johann Philipp 19
Schick, Laurentius Ignatius von 25
Schiller, Charlotte 31
Schiller, Friedrich 27 f., 31

Scholl, Adelheid 50
Scholl, Sophie 73 f.
Scholtz-Klink, Gertrud 61, 68
Schubart, Christian Friedrich Daniel 29, 33
Schumacher, Karl-Friedrich 49
Schummer, Wolfgang 79
Schütz, Johann Heinrich 8, 12
Simanowiz, Franz 30 f., 33
Staffhorst, Johann Friedrich von 8, 10
Stockmayer, Elisabeth 59
Stoll, Schwester Ruth 82
Streithorst, Friedrich Hermann von 7

Therbusch, Anna 33

Ulrich, Prinz zu Württemberg 61
Ulshöfer, Otfried 77, 79
Ungeheuer, Heinrich 48

Vestier, Antoine 30
Vischer, Friedrich Theodor 32
Voßler, Regine 29, 32

Wied, Dietrich Prinz zu 68
Wied, Friedrich Prinz zu 64 f.
Wied, Hermann Fürst zu 67
Wied, Wilhelm Adolf Maximilian Fürst zu 67
Wilhelm I., deutscher Kaiser, König von Preußen 63
Wilhelm II., deutscher Kaiser, König von Preußen 66
Wilhelm II., König von Württemberg 54, 61, 65
Würben, Johann Franz Ferdinand, Graf von 12

Zetkin, Clara 54